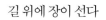

길 위에 장이 선다

길 위에 장이 선다

1판 1쇄 2024년 6월 23일

지 은 이 파이낸셜뉴스 특별취재팀

발 행 인 전재호
발 행 처 파이낸셜뉴스
주   소 서울특별시 서초구 강남대로 315
대표전화 02-2003-7114
출판등록 2010년 5월 10일 (제2020-000235호)
홈페이지 www.fnnews.com
이 메 일 fnnews@fnnews.com
출판대행 북스토리(주)

ISBN 979-11-986304-1-4 03300

길 위에
장이 선다

파이낸셜뉴스 창간 24주년 기념

파이낸셜뉴스 특별취재팀

전국에 1,800여 개가 있는 전통시장은 삶의 애환이 녹아 있는 서민경제의 터전입니다. 그러나 온라인 상거래가 폭발적으로 팽창하면서 전통시장이 설 땅은 점점 좁아지고 있고 생존마저 걱정해야 할 처지입니다.

전통시장들은 온라인은 흉내 낼 수 없는 아날로그 감성을 앞세워 고객이 찾아오는 장터로 변신하고자 애를 쓰고 있습니다. 정부와 지방자치단체들도 이에 호응해 전통시장의 부흥을 돕기 위해 발 벗고 나섰습니다. 유통 대기업들도 전통시장을 경쟁 상대가 아닌 상생의 파트너로 보고 동반성장을 도모하고 있습니다.

정부와 대기업, 전통시장이 합심하여 노력한 결과는 하나둘 나타나고 있습니다. '백종원의 기적'으로 불리는 충남 예산시장, 외국 관광객들의 필수 코스가 된 서울 광장시장, 젊은이들의 '핫플'로 떠오른 서울 '경동1960' 시장이 그 예입니다.

빈 점포가 즐비하던 예산시장은 예산이 고향인 요식업 경영전문가 백종원 씨가 살려낸 곳으로 유명해졌습니다. 경동시장은 오래된 옛 극장을 레트로풍의 카페로 바꾼 아이디어 하나로 완전히 달라졌습니다. '스타벅스 경동 1960점'은 지금 MZ세대들이 가보고 싶어 하는 명소가 됐고 덩달아 시장통에도 사람들이 북적입니다. 할리우드 배우와 세계적인 팝스타까지 찾아오는 광장시장이야 길게 설명할 것도 없습니다.

파이낸셜뉴스는 이렇게 유서 깊은 역사를 지키면서 현대적으로 변모하고 진화하는 전통시장을 돌아보고 '길 위에 장이 선다'라는 연중기획물을 30차례에 걸쳐 게재했습니다. 전국부 기자 10여 명이 방방곡곡의 저잣거리를 발로 뛰면서 상인들의 목소리와 땀 냄새를 고스란히 담았습니다. 오랜 세월을 이어온 시장의 역사는 물론이고 장바닥에서 벌어진 흥미로운 이야기들도 다수 발굴해서 실었습니다. 몇몇 시장 상인회는 파이낸셜뉴스의 연재물을 시장 홍보에 활용하겠다고 알려왔습니다.

3일장, 5일장으로 거슬러 올라갈 수 있는 한국의 전통시장은 말 그대로 전통과 역사를 자랑합니다. 서유럽 국가들처럼 문화유산으로 보존하고 관광자원화하여 후세들에게 물려줄 가치가 충분합니다. 전통시장을 활성화하는 데 이 책이 작은 도움이라도 되었으면 좋겠습니다.

파이낸셜뉴스
변동식 사장

CONTENTS

발간사 | 4

Part 1
서울 · 수도권
조선의 상업특구에서 주상복합상가로 – 종로 낙원시장 · 세운상가 | 11

근대화 · 산업화 현장에서 관광 명소로 – 동대문 광장 · 평화시장 | 21

북행길 길손들 시름을 덜어주다 – 서대문 영천 · 인왕시장 | 29

개항 이후 영욕을 함께한 다문화 체험장 – 인천 신포국제시장 | 38

연안부두의 흥과 멋을 간직하다 – 인천 종합어시장 | 50

원조 부대찌개의 추억과 함께 – 의정부 제일시장 | 60

전통시장과 쇼핑몰이 나란히 – 수원역 로데오상권 | 67

스타필드와 견줄 만하다 – 하남 신장시장 | 73

'와구리'가 손짓하는 저잣거리 – 구리전통시장 | 81

전통시장 현대화의 롤 모델로 변신 중 – 용인 중앙시장 | 89

'경성월스트리트' 남대문로 – 장터와 함께 한 은행들 | 97

Part 2
강원 · 충청권
"해장에는 삼숙이탕이 제대로래요" – 강릉 중앙시장 | 109

연간 500만 명이 찾는 '전국구 시장' – 속초 관광수산시장 | 117

크고 작은 시장들이 옹기종기 – 원주 중앙 · 자유 · 도래미시장 | 126

대전시보다 먼저 생긴 중부권 최대 시장 – 대전 중앙시장 | 134

24시간 불이 꺼지지 않는다 – 대전 한민시장   144

'보물' 돌다리 묻힌 장터 – 청주 육거리종합시장   153

민심 꽃 피운 장터 – 전통시장 찾은 역대 대통령들   162

Part 3
호남권

태조 이성계 품은 민중 장터 – 전주 남부시장   171

동학농민운동의 흔적 – 완주 삼례시장   179

마한과 백제 무왕의 숨결 – 익산 북부시장   188

없는 것 빼고 다 있는 호남 최대 시장 – 광주 말바우시장   194

역사로나 규모로나 호남 시장의 '맏형' – 광주 양동시장   202

스타벅스 입점한 장터 – 전통시장과 상생 꿈꾸는 대기업들   211

Part 4
영남권

국채보상운동의 횃불을 처음 든 '큰장' – 대구 서문시장   221

영남 구제가게 성지 – 대구 관문시장   228

전국구 족발 명가들이 즐비 – 대구 서남신시장   235

옹기 구하려면 국밥 맛보려면 – 울산 울주군 남창옹기종기시장   242

한우 숯불구이에 진심 – 울산 수암시장   249

장터 찾는 시 · 도지사들 – 지자체와 함께하는 전통시장   258

Part 1

서울·수도권

조선의 상업특구에서
주상복합상가로

종로 낙원시장 · 세운상가

서울 종로 일대에는 '육의전'이라는 간판을 내건 상점들이 유독 눈에 많이 띈다. 조선 시대에 종로 일대의 일부 상인들은 국가에서 필요로 하는 물품을 공급하는 대신 특정 물품에 대한 전매특권을 가지고 있었다. 그중 비단, 명주, 종이, 어물, 모시, 무명을 파는 점포가 가장 번성하였는데 이를 육의전이라고 했다.

육의전은 오랜 세월이 흘렀지만 종로 일대 상점들의 브랜드가 됐다. 심지어 일제강점기에는 우리 민족 1호 백화점인 화신백화점이 조선 시대 육의전이 있던 터에 자리를 잡았다. 현재 종로타워 마천루가 들어선 곳이 화신백화점이 원래 있던 자리다. 종로타워 앞에 가면 육의전이 있던 곳이라는 표석을 만날 수 있다.

일본 자본의 백화점들이 명동 지역에 주로 자리한 반면, 조선인이 운영했던 화신백화점만은 민족의 상권인 종로에 자리했다. 화신백화점은 같은 시기에 들어선 대형 일본 자본 백화점들과 대등하게 경쟁했다.

조선인이 운영했던 백화점 1호 화신백화점.
한국학중앙연구원 제공

화신백화점의 전신은 민족자본으로 1890년 설립한 화신상회다. 화
신상회는 금·은·귀금속을 전문으로 거래하는 상회로 운영하였는데,
화신상회 제품은 대표적인 한국 전통공예품으로 인정받았다. 종로 일
대에는 귀금속 상점들이 여전히 활발히 상권을 이루고 있어서 그 명맥
을 잇고 있다.

피맛길로 이어지던 시전행랑

조선의 왕들은 종로 인근 상가 건설에 대한 관심이 컸다. 조선 초기
에 종로 일대에는 국가가 직접 설립 및 임대하는 상인 거리가 조성됐

다. '시전행랑(市廛行廊)'으로 불린 이들 조선 시대 관설 상점들은 나라에서 직접 가게를 건설하고 상인들에게 임대해 세금을 받았다. 지금으로 치자면 쇼핑몰 거리를 정부가 직접 건설하고 임대사업을 하는 것과 같다.

시전행랑은 조선의 3대 임금인 태종 때 3차에 걸친 대규모 토목, 건축공사 끝에 수천 칸 규모로 조성했다. 근대에 건설된 세운상가와 낙원상가보다 훨씬 먼저 대규모 상가 건설이 조선 건국 초기에 이뤄진 것이다. 수도 한양 내 도심 시장의 원조라고 할 수 있다.

태종은 시전행랑 공사 기간에 여러 번 인부들에게 술을 내리는 등 은전을 베풀었고, 공사에 대해 흡족한 마음을 표시한 것으로 전해진다.

종로 피맛골 구간.

세종은 시전행랑과 가옥들이 대형 화재로 전소되자 크게 한탄하면서 즉시 복구를 지시하기도 했다. 종로는 초기에는 길 이름이 없었다가 시전행랑이 설치된 뒤로 인파가 구름처럼 모이면서 운종가(雲從街)라고 불렸다. 이후 보신각종이 있는 큰 도로라고 해 종로라고 했다.

시전행랑이 들어선 마을은 피마동(避馬洞)으로 종로1가동·종로3가동·서린동에 걸쳐 이어졌다. 피마동을 따라 이어진 길목은 '피맛길'로도 불렸다. 피맛길은 종로 인근 왕궁으로 오가는 양반들이 타고 다니는 말을 피하기 위한 길이라는 뜻이다. 양반들에게 머리를 조아려야 하는 서민들에게 고관대작들을 태운 말들을 피해서 뒷길로 다닐 수 있도록 배려한 것이다.

피맛길은 민본주의를 내세웠던 정도전이 한양 도성을 설계할 때 백성을 배려하는 차원에서 만든 길이라고도 전해진다. 하지만 정도전을 죽이고 왕권을 강화한 태종 이방원은 피맛길을 따라서 대규모 국립 상

신각(普信閣)

복원된 시전행랑의 옛 모습

구한말 '시전행랑'이 들어섰던 종로 거리에 인파가 몰려 있다.
서울시 제공

점인 시전행랑을 건립했다. 그 규모는 1,400여 채에 달했다. 시전행랑을 통해 세수가 늘어나 재정이 튼튼해지면서 조선 왕권 강화에는 큰 도움이 됐다.

시전행랑 발굴 유적지는 종각역 1번 출구에서 나오면 곧바로 만날 수 있다. 서울 도심개발 속에 시전행랑 유적지가 피맛길을 따라서 함께 발견됐다. 시전행랑 유적지는 조선 왕의 직속 사법기관인 의금부 터와도 맞닿아 있다. 누명을 쓰고 의금부에 투옥됐던 이순신 장군이 졸병으로 강등돼 백의종군 길을 떠난 첫 출발지라는 표지가 이곳에 함께 있다. 머나먼 백의종군 길에 나서는 장군의 초라한 뒷모습을 시전행랑의 조선 상인들이 하염없이 지켜봤을 것을 짐작할 수 있다.

기네스북에도 올랐던 세계 최대 악기상가

600년 도읍 서울의 1번지로 불리는 종로에는 국내 최초 대형 주상복합상가로 손꼽히는 세운상가와 낙원상가가 반세기를 넘겨 터줏대감처럼 터를 잡고 있다. 탑골공원 뒤편에 자리한 낙원상가는 국내 최대 악기상가로 유명하지만, 이 건물 지하로 깊숙이 내려가 보면 전통 장터인 낙원시장도 함께 둥지를 틀고 있다. 유심히 살펴보지 않으면 그냥 지나치기 일쑤다. 종로 한복판 지하에 전통시장이 있을 것이라고는 생각하기 쉽지 않기 때문이다.

하지만 이곳 지하에선 작은 시골 장터 같은 소박한 낙원시장이 서민들과 오랜 세월을 함께했다. 어둡고 허름한 주상복합건물 지하 공간에서 각종 먹거리와 청과물들이 여전히 거래되고 있다. 다소 음침하지만 이색적인 도심 지하 속 전통시장 풍경을 접할 수 있다. 또한 낙원시장

낙원상가.

에신 여느 거리 장터와 마찬가지로 막걸리와 함께 소박한 전통음식들도 저렴하게 맛볼 수 있다.

지난 1970~80년대만 해도 국내 1세대 주상복합건축물인 세운상가와 낙원상가는 우리나라를 대표하는 상가였다. 오늘날로 친다면 타워 펠리스 형 쇼핑몰이라고 할 수도 있다. 세운상가는 초창기에 아파트와 상가가 함께 들어섰지만, 지금은 상가로만 활용되고 있다.

세운상가와 낙원상가는 서울시와 중앙정부가 낙후된 종로 일대를 재건하기 위해 대규모로 추진한 국영사업으로 손꼽혔다. 박정희 전 대통령은 세운상가 준공식에 김현옥 당시 서울시장과 함께 직접 참석하기도 했다. '세상의 운이 모두 모인다'는 뜻을 지닌 세운상가에 대한 국민들의 관심도 컸다.

세운상가는 용산전자상가가 등장하기 전까지 국내 최초 전자 · 전기 제품의 메카 역할을 했다. 세운상가에선 잠수함 부품도 만들 수 있다는 우스갯소리가 나올 정도로 컴퓨터부품, 오디오, 전축까지 온갖 전기 · 전자 제품을 팔았다.

낙원상가는 세계 최대 악기상가로 한때 기네스북에 오르기도 했다. 세계적인 헤비메탈 그룹 메탈리카는 지난 1998년 내한했을 때 낙원상가를 가장 가보고 싶은 곳으로 손꼽았다.

낙원상가 외벽에 그려진 송해와 추억의 배우들. 송해 거리가 인근에 조성돼 있다.

역사를 더 거슬러 올라가 보면 낙원상가 일대는 조선왕조와 구한말 시대를 통틀어 국내 최고의 동 · 서양의 음악 연주회가 정기적으로 열리던 곳이었다. 세운상가와 낙원상가 인근에 위치한 종묘에선 조선왕조 500년간 종묘제례악이 울려 퍼졌다. 종묘제례악은 국가무형문화재 제1호이자 유네스코 등재 세계

박정희 대통령이
지난 1968년 세운상가
준공식에 참석해
김현옥 당시 서울시장과
상가 개장식을 갖고 있다.
문화체육부 제공

인류무형문화유산이다. 그래서인지 인근 낙원상가 일대에는 전통 국
악기 상점들도 제법 많다. 또한 바로 옆 탑골공원에선 대한제국 시절에
우리나라 최초의 서양식 클래식 연주회가 정기적으로 공연됐다. 낙원
상가 일대가 동양과 서양 음악의 성지였던 셈이다.

고층 빌딩과 녹지의 조화를 꿈꾸다

또한 낙원상가와 세운상가가 자리 잡은 종로 일대는 원래 조선 시대
상업 특구의 첫 탄생지였다. 조선 초기부터 현대까지 역대 집권자들이
가장 심혈을 기울여 종로 일대 상권 개발을 한 셈이다.

세운상가는 새로운 변신을 준비 중이다. 오세훈 서울시장은 "세운재
정비촉진지구를 보면 피를 토하고 싶은 심정"이라고 밝히기도 했다. 서
울시의 '2040 도시기본계획'에 따르면 창덕궁에서 종묘와 남산을 연결
하는 세운지구 일대 녹지 축 조성 계획이 담겼다. 서울시는 재개발과

녹지 확충이라는 두 마리 토끼를 모두 잡는 세운지구 개발 복안을 갖고 있다.

오 시장은 지난 2006년 세운지구 일대를 재정비촉진지구로 지정해 주변을 개발하는 계획을 세웠지만 2008년 글로벌 금융위기와 문화재 고도제한 심의 등으로 사업이 지연됐다. 이후 2012년 박원순 전 시장은 지역 보존을 위해 건물 높이 제한을 강화하고 사업 구역을 세분화해 개발이 장기간 표류했다.

세운상가 야경.

오 시장의 계획안대로 고층빌딩과 녹지 축이 조화롭게 형성되려면 부지 중심에 있는 세운상가를 비롯한 저층 노후 건물을 부수고 새로 지어야 한다. 이를 위해선 1,000억 원의 예산을 들여 박 전 시장이 조성한 세운상가 공중보행로도 철거해야 한다는 의견도 적지 않다. 또한 주변 일대 층고 규제를 다시 완화하고 용적률 인센티브를 제공한 대가로 민간 사업자에게 부지 일부를 기부채납 받아 이를 공원이나 녹지로 조성하는 방안이 유력하다.

오 시장은 "높이 제한을 풀면 시민에게 돌아가는 녹지 공간이 더 늘어나게 된다"며 "민간이 적극적으로 개발계획을 제안할 수 있도록 공공에서 선제적 가이드라인을 제시해 도심 재개발을 활성화하겠다"고 밝혀왔다.

종로 피맛길 상권.

근대화 · 산업화 현장에서
관광 명소로

동대문 광장 · 평화시장

외국인들도 즐겨 찾는 야식 체험 성지

동대문은 서울 도심에서 보기 드문 '야(夜)시장' 천국이다. 동대문에 인접한 광장시장에 밀집한 포장마차들은 특별한 야식 체험지로 자리잡았다. 광장시장은 종로5가에 있지만 흥인지문(동대문)과 가까워 오래전부터 동대문 상권으로 불렸다.

광장시장 내 포장마차들의 분위기는 퇴근시간대부터 무르익는다. 광장시장 포장마차들에 매달린 수많은 조명이 새하얀 불빛을 내뿜으며 방문객들을 향해 손짓을 하는 것 같다.

광장시장 먹거리는 육회, 산낙지, 소간, 천엽, 빈대떡, 왕순대 등 전형적인 시골 장터 음식들이다. 저녁 무렵 실내 포장마차에 걸터앉아서 소주잔을 비우는 이들의 표정은 온갖 시름에서 벗어난 듯하다. MZ세대부터 노년층까지 다양한 연령대가 광장시장 내 실내 포장마차에서 삶의 애환과 세월 이야기를 나눈다. 비라도 내리는 저녁에는 천장을 두드리

먹거리 체험 관광지로 재탄생한 광장시장 실내 포장마차들.

는 빗소리를 들으며 포장마차 야식을 즐기면 옛 추억을 소환하게 된다.

포장마차들이 들어선 광장시장의 천장은 햇볕이 잘 비치는 지붕을 높게 씌운 아케이드 형태다. 광장이라는 이름처럼 실내운동장 같은 넓은 공간에 셀 수 없이 많은 포장마차가 한데 몰려 있다.

광장시장 지붕에 내건 전 세계 만국기의 숫자만큼 많은 외국인 관광객들도 이곳을 찾고 있다. 시장 곳곳에서 연일 중국어, 일어뿐만 아니라 다양한 세계 언어가 쉽게 들린다. 광장시장 포장마차 맛집 투어는 동대문을 찾는 외국인들에게 이색 관광지로 소문이 났다. 붉은색 옷을 입은 관광 가이드가 늦은 저녁 시간까지 근무에 나설 정도로 외국인 관광객들에게 인기다.

광장시장 건물 매장 내에는 수입 물품을 파는 가게들이 유독 눈에 띈다. 한때 광장시장에는 미군 PX에서 흘러나오는 식품, 잡화 등을 판매하는 상점들이 대거 몰렸다. 하지만 수입자유화 조치가 시행되고 온라인 등 다양한 경로로 수입 물품이 유통되면서, 광장시장의 수입 물품 가게들은 쇠퇴의 길을 걷고 있다.

우리나라 최초 사설 상설시장

1905년 개장한 광장시장은 우리나라 최초의 사설 상설시장으로도 유명하다. 시장 개발 초기에는 동대문시장이라는 명칭을 쓴 것으로 전해졌다. 시장의 운영 주체인 광장주식회사는 1904년에 고종의 측근이 설립했다. 대한민국에서 가장 오래된 기업 중 하나이기도 하다. 조선인 회사인 광장주식회사가 부지와 점포를 소유하고 있던 광장시장은 일본인 경영자와 상인들 사이에 대립과 갈등이 많았던 남대문시장보다 비교적 순조롭게 운영됐다. 광장주식회사는 주주들이 운영, 관리했다. 거래 품목별로 상인조합을 결성하도록 했으며 조합원 자격만 갖추면 누구나 시장에서 판매할 수 있었다.

1970년대 광장시장 풍경.

1962년도 광장시장 인근 종로5가 상가.
서울시 제공

광장주식회사가 경영권을 갖고 있어, 민족 시장으로서의 명목을 유지할 수 있었다.

광장시장 옆 청계천을 건너가면 을지로 쪽으로 방산시장이 자리 잡고 있다. 방산시장은 1987년 인쇄업체들이 모여서 만든 시장이다. 방산시장이라는 이름이 붙기 전인 1960년대부터 제과점에 물품을 대는 도매상 밀집지로 유명했다. 제과점에 들어갈 기구를 파는 곳이 먼저 생겼고, 자연스럽게 그 옆에 재료상이 자리 잡아 베이커리 골목이 됐다.

방산시장 인근에는 특이하게도 중국 삼국시대 촉한의 장수 관우의 영정을 둔 사당 '성제묘'가 있다. 임진왜란 때 파병된 명나라 장군들이 '관우의 음덕으로 전쟁에서 이길 수 있었다'라는 믿음을 가지면서 나중에 조선 조정에서 여러 곳에 건립을 허용한 것으로 전해진다. 오늘날에는 방산시장 상인들이 이 사당에서 제를 지내고 있다. '전쟁의 신'인 관우가 '장사 신'으로 바뀐 셈이다. 중국에선 관우가 '재물 신'으로도 불린다.

여공들의 애환 어린 '동대문 패션 1번지'

광장시장에서 허기진 배를 채우고 동대문 방향으로 청계천을 따라서 10여 분만 걸어가면 곧바로 평화시장을 만나게 된다. 동대문상가의 근대화는 이곳 평화시장이 열었다. 평화시장은 동대문 패션 1번지를 탄생시킨 우리나라 대표 상가다.

평화시장 상가 내로 들어가면 모자, 겉옷, 속옷, 벨트, 목도리, 가방 등 온갖 패션용품들이 마치 전시장에 온 것처럼 끝없이 쌓여 있다. 온갖 패션용품 중 신발만은 별도 구역에서 판매가 이뤄지고 있어 '동대문 신발'이라는 말도 생겨났다.

평화시장은 산업화 시기에 먹고살 길이 막막했던 여공들의 생계 터였다. 18세 미만의 어린 여공들이 이곳 평화시장에서 주말도 없이 재봉틀을 돌리면서 한국 근대화의 기초를 닦았다. 평화시장에서 근무하는 2만여 명 근로자의 90%에 달하는 18세 미만의 여공들이 하루 열다섯 시간씩 고된 작업을 이어 가야 했다. 이 중 40% 정도는 15세 정도였던 것으로 알려져 있다.

청계천을 마주 보는 평화시장 1층에는 특이하게도 지난 1960년대부터 하나둘씩 헌책방이 모여들었다. 지금은 수십 곳만 남았지만 전성기에는 100여 곳의 헌책방이 있었다. 이곳 헌책방들은 평화시장에서 청춘의 꿈을 불살랐던 어린 여공들에게 마음의 양식을 제공했다. 소녀들은 헌책방에서 시집, 소설, 성경책 등을 구매해 돌려보면서 고된 노동의 힘겨움을 잊었다.

여공들의 힘겨운 삶은 이곳에서 함께 일했던 청년 전태일을 통해 세상에 알려지게 된다. 평화시장 앞에는 청계천을 건너는 다리가 하나 있다. 이 다리에는 전태일 동상이 놓여 있다. 그래서 이 다리 이름이 '전태일 다리'로 불린다. 독실한 기독교 신자였던 전태일도 이곳 헌책방에서 근로기준법 서

평화시장 앞 전태일 동상.

적 등을 구해 읽었다고 한다. 서울시는 청계천 헌책방 거리를 '서울미래유산'으로 지정했다.

근대 스포츠 산실서 세계적 문화 명소로

동대문에선 의류뿐만 아니라 가성비가 뛰어난 체육용품을 파는 가게들도 쉽게 만날 수 있다. 축구, 테니스, 야구, 헬스용품 등 스포츠에 관련된 모든 용품을 파는 스포츠용품점들이 동대문역 인근에 자리 잡고 있다. 조기축구회 단체복은 동대문에서 구입하는 경우가 많았다.

동대문은 패션뿐만 아니라 우리나라 스포츠의 출발지이기도 하다.

지난 1959년 건립된 동대문운동장(서울운동장)은 철거 직전까지 대한민국 근대 스포츠의 산실이었다. 동대문야구장은 어려웠던 시대에 민족의 아픔을 달래줬던 고교 야구의 성지였다.

또한 동대문운동장은 국내 최초 근대체육 시설로 야구와 축구, 육상 등 각종 경기가 열렸다. 수많은 우리나라의 스포츠 영웅들이 이곳을 거쳤다.

세월을 더 거슬러 올라가면 조선은 개국과 더불어 서울 동대문운동장 부근에 활과 말 타는 법을 연습

동대문시장 신발상점.

26

백범 김구와 이승만 박사가 지난 1945년 12월 19일 서울운동장에서 열린
'대한민국임시정부 개선전국환영대회'에서 대화를 나누고 있다.
미디어한국학 제공

하는 명철방을 설치했다. 1467년(세조 13년) 훈련원으로 개칭한 뒤 조선
왕조 500년간 이어졌다. 근대 스포츠의 효시는 병사들의 훈련에서 시
작됐다. 이를 감안하면 조선 시대 훈련원이 있었던 동대문은 국가 스포
츠의 기원지라고 할 수 있다. 하지만 훈련원은 1907년 일본에 의해 강
제로 폐지됐다. 그 뒤 훈련원 인근에 성벽을 허물고 당시 동양 최대 규
모의 경성운동장을 지었다. 광복 이후에 임시정부 환국 봉영회, 기미
독립선언 기념 전국대회, 김구 선생 국민장(장례식), 신탁통치 찬반 집
회 등 역사적인 행사가 이곳 운동장에서 열렸다.

오세훈 서울시장은 '파리의 퐁피두센터'처럼 세계적인 문화시설로
만들겠다며 동대문운동장 재개발을 제안했다. 그렇지만 동대문운동장
재개발 당시에 대한민국의 근·현대사를 함께한 공간인 만큼 근대문화

유산으로 등록하여 보존해야 한다는 반대의 목소리도 있었다. 우여곡절 끝에 동대문운동장은 철거되고 그 자리에 4,996억 원을 들여 지하 3층~지상 4층 규모로 동대문디자인플라자(DDP)를 건립했다. DDP는 지난 2008년 착공했지만 2011년 무상급식 주민투표로 오 시장이 사퇴하면서 완공을 함께하지 못했다. 지난 2014년 3월 고 박원순 전 시장 재임시기에야 DDP는 개관했다.

오세훈 시장은 DDP 건립 비화에 대해 "욕 많이 먹었다. 왜 서울운동장 야구장, 축구장을 없애느냐고 했다"며 "바꿔놓고 보니까 서울에 들어오는 관광객들이 한 번씩 꼭 가보는 명소가 됐다"며 회고한 바 있다.

동대문 상권.

북행길 길손들
시름을 덜어주다

서대문 영천 · 인왕시장

서울 경복궁에서 가장 가깝고 험한 고개는 예로부터 무악재가 가장 먼저 손꼽혔다. 조선의 궁궐이 북한산 바로 아래 자리하면서 궁을 떠나 북쪽으로 이동하려면 고개를 넘을 수밖에 없었다. 무악재는 북한산 줄기에서 뻗어 나온 안산과 인왕산 사이에 형성된 고개였다. 안산이 예전에 무악산이라고 불리면서 무악재의 어원이 됐다. 안산의 정상에는 조선 시대의 봉화터가 있다. 이곳의 봉화대는 평안도 · 황해도는 물론, 부산 · 회령까지 급보를 전했다.

무악재 고개를 지나는 통일로가 의주로로 불린 것은 평안북도 의주로 향하는 길목이었기 때문이다. 현대로 치면 서울에서 중국으로 향하는 국도의 첫 고갯길이 무악재였다. 중국에 가는 사신들은 무악재를 넘은 뒤 조선 시대 첫 번째 '국립여관'인 홍제원에 머물렀다.

나그네를 위해 떡을 팔던 병점에서 시작

또한 무악재의 시작과 끝에는 지금까지도 장터들이 자리 잡고 있다. 무악재에서 북쪽으로는 인왕·홍제시장이, 남쪽 끝에는 영천시장이 오랜 세월을 함께하고 있다. 그 유래를 거슬러 올라가 보면 조선 시대에 한양 도성 서북쪽의 무악재 고개를 오가던 관리, 상인, 나그네들이 이동하면서 허기를 채워줄 떡을 파는 병점에서 출발한다. 떡은 가지고 다니기 편하고 따로 요리할 필요가 없으니 먼길을 떠나는 이들에겐 좋은 먹거리였다. 무악재 인근 옛 장터에는 한양 도성을 떠나 수만 리 먼길

서울 서대문구 영천시장 입구.

영천시장의 명맥을 이어온 떡집.

을 떠나는 상인과 나그네들을 위한 먹거리를 파는 떡집들이 많았다.

한양 북쪽에서 땔감을 싣고 와서 내다 파는 장터도 크게 섰다. 고양과 파주의 나무꾼들이 장안에 팔 나뭇짐을 지고 넘던 고개가 무악재였다. 무악재 인근 영천장에서는 연탄이 보편화되기 시작한 1970년대까지 땔감을 팔았다.

떡과 땔감을 팔던 영천장은 사라지고 지난 1960년대 영천시장이 들어섰다. 영천시장에는 명맥을 잇는 방앗간과 떡집이 여전히 많이 남아 있다. 한때 영천시장 방앗간에서 판매하던 떡들이 동대문 등 서울 각지에 공급되던 떡집 호황 시절도 있었다. 떡 대신 빵과 케이크가 간식으로 보편화되면서 최근에는 영천시장 내 떡집은 명맥만 남아 있다. 그

대신 꽈배기, 떡볶이, 튀김, 옛날 통닭 등 간식거리를 파는 곳들이 남았다. 떡집과 꽈배기 가게들 가운데 반세기 가까이 이곳에 자리 잡은 곳도 있다.

독립문과 함께한 영천시장

영천시장은 '독립문 영천시장'이라고 불리기도 한다. 영천시장 옆 도로를 건너면 역사적 명소인 독립문과 서대문형무소를 바로 만날 수 있다. 유적지가 되기 전까지 서대문형무소를 찾는 수감자 가족들이 인근 떡집들을 많이 찾았다.

독립문이 이곳에 위치하기까지는 사연이 있다. 무악재 끝자락의 독립문이 있던 자리에는 원래 조선의 왕이 중국 사신들을 맞이하던 영은문이 자리했다. 무악재 고개를 넘은 중국 사신들은 영은문 앞에 마중 나온 조선 왕의 성대한 환대를 받았다. 하지만 청나라가 청일전쟁에 패전하여 조공 관계가 폐지된 것을 계기로 독립협회가 영은문을 헐고 독립문을 세웠다. 독립문이 항일 유적이라고 생각하기 쉽지만, 실상은 반중(反中)의 산물인 셈이다. 일제강점기에도 독립문이 그대로 유지된 것도 이 때문이다. 매국노 이완용도 독립문 건립에 관여했다. 도로 하나를 두고 인접한 영천시장과 독립문은 원래 더 가까웠다.

중국 사신이 통과하던 영은문.
이곳 주변에 영천장이 섰다.
서울시 제공

독립문은 지난 1979년 금화터널 고가도로에 자리를 내주고 75미터

서울 서대문구 영천시장 옆에 자리 잡은 독립문.
독립문 앞에 영은문 돌기둥이 여전히 남아 있다.

서북쪽으로 옮겼다. 원래 독립문이 있던 터는 현재 도로 사거리 한복판
이 됐다. 도로 밑에 땅을 파고 '독립문지'라는 표시만 남겼다. 파리의 개
선문과 달리 위상이 낮았던 한국의 독립문은 처음 세워졌던 터마저도
빼앗긴 셈이다.

좁고 험준한 고개였던 무악재는 조선 시대에 호랑이가 많이 출몰하

는 곳으로 악명이 높았다. 조정에서는 이 호환을 막기 위해 지금의 서대문 독립공원 자리에 군사를 주둔시켜 행인 10여 명이 모이면 앞뒤로 호위해 고개를 넘었다고 한다. 사람을 모아 넘는 고개라고 해서 '모아재'라고도 불렀다. 명나라 사신인 동월은 무악재를 겨우 말 한 필만 지날 수 있는 험준한 곳이라고 표현했다. 무악재 고개 양옆으로 인왕산과 안산이 자리 잡고 있다. 무악재가 마치 두 산 사이에서 움푹 파여 들어간 골짜기처럼 느껴진다.

영천시장 인근 안산에는 수맥이 좋아 오래전부터 약수터가 유명했다. 영천은 영험한 샘물이 솟는다는 뜻이라고 한다. 호랑이는 물이 많은 습지를 좋아한다. 조선 시대까지 무악재 인근에 호랑이가 더 자주 출몰한 배경이 됐다. 인왕산 호랑이는 도성 안을 어슬렁거리기도 했던 것으로 유명하다.

박정희 전 대통령은 험준하고 폭 7미터에 불과하던 무악재를 바꿔놨다. 산을 깎아 표고를 대폭 낮추고 폭 35미터 도로를 만들었다. 이를 기념하기 위해 고개 언덕에는 박정희 친필 표지석이 세워졌다.

조선 왕의 눈물 어린 무악재

무악재는 조선 개국 초기 개성과 한양으로 왕래가 잦았던 무학대사가 자주 다녔던 길이라 하여 무학현이라 불리었으며 사천(홍제천)으로 나가는 길목에 있다 하여 사현이라 부르기도 했고, 안산 아래 있다 하여 안현이라 부르기도 했다. 한국전쟁 때 서울을 수복하기 위한 최후의 격전지이기도 하다.

또한 무악재는 조선 시대 임금들에게는 눈물의 고개이기도 하다. 선조는 임진왜란 당시인 1592년 음력 4월 그믐날 밤, 빗줄기가 드센 캄캄한 어둠을 뚫고 궁을 빠져나갔다. 임금이 돈의문을 지나 무악재를 넘고 홍제원에 이르자 동이 텄다. 임금과 신하들은 물론 후궁·내시·궁녀·근왕병들도 흠뻑 젖고, 가마 행렬은 진흙탕 속에 주저앉았다.

또한 인조반정은 무악재 북쪽 내리막 끝에 자리 잡은 홍제원에서 시작됐다. 최명길, 김자점, 이괄, 김경징 등이 의기투합해 병력 1,000여 명을 홍제원에 집결시키고 도성으로 진격하여 광해군을 축출했다. 해를 넘긴 뒤에 인조반정에서 선두에 섰던 무관 이괄은 2등 공신으로 책정된 것에 불만을 품고 인조를 몰아내기 위해 무악재를 다시 넘었다.

조선 초에는 한성부 안에 여자를 두고 술을 파는 색주가를 허가하지 않았다. 세종 때 홍제원에 처음으로 색주가촌을 두게 했다. 중국으로 향하는 양반을 위해 음식을 마련하고 환송연을 베풀어 주는 것에서 기원했다고 한다. 훗날 술을 마시지 못하는 행인에게는 떡을 팔려는 떡집도 생겨났는데 떡 중에서도 인절미를 잘 만들었으므로 '홍제원 인절미'가 특히 유명했다.

홍제원 안에는 연못이 있었는데 병자호란 때 볼모로 끌려갔다 돌아온 '환향녀(還鄕女)'들이 이곳에서 목욕을 했다고 한다. 당시 생명과 같은 정조를 잃은 부녀자들을 마냥 환대할 수 없었던 조정은 '과거를 씻는다'는 의미로 이들에게 연못에서 몸을 씻도록 한 것으로 전해진다.

유진상가·인왕시장 복합개발 '꿈틀'

홍제원 터를 지나 북쪽으로 조금 더 이동하면서 홍제역 인근에 인왕시장과 유진상가가 자리 잡고 있다. 인왕시장은 정치인과 관료들이 많

유진상가 건물 오른편으로 인왕시장이 자리잡고 있다.

이 찾는 전통시장이다. 문재인 전 대통령 내외는 인왕시장을 종종 찾았다. 문 전 대통령 내외가 청와대에 들어가기 전에 서울 홍은동 자택에 거주할 때부터 자주 찾았던 것으로 알려졌다. 1960년대 홍제천 주변 뚝방에서 자연시장 형태로 시작된 인왕시장은 초기에는 점포 수가 많지 않았다. 하지만 현재는 서울 서대문 지역에서 최대 규모 전통시장으로 손꼽힌다.

인왕시장 인근에 자리한 유진상가는 지난 1970년 북한의 남침에 대비한 대전차 방어 목적으로 홍제천을 덮어 지었다. 그동안 지하 공간에는 아무도 다닐 수 없었는데, 서울시가 원형을 최대한 보존하면서 새로운 예술 공간으로 꾸며 개방했다. 유진상가는 지난 1992년 내부순환로 건설 당시 철거될 예정이었으나 보상 문제로 일부 철거에 그친 바 있다. 이후 2003년 일대가 '홍제 균형발전 촉진지구'로 지정되고 2010년 조합 설립까지 마쳤지만 홍제초등학교 일조권 침해 문제로 사업 시행인가 신청이 수차례 반려되다가 2017년 결국 정비구역에서 해제됐다.

홍제역 일대 유진상가와 인왕시장은 복합 개발론도 대두 중이다. 서대문구는 유진상가와 인왕시장을 철거한 후 4만 5,000㎡ 부지를 통합 개발해 50층 이상의 초고층 건물 등을 조성하는 것을 민선 8기 주요 과제로 내세웠다. 조선의 관문이었던 홍제역 일대에 복합적인 도시 인프라를 구축하기 위해 서울시와 국토교통부 등 관계 기관과 긴밀한 협의를 지속하고 있다.

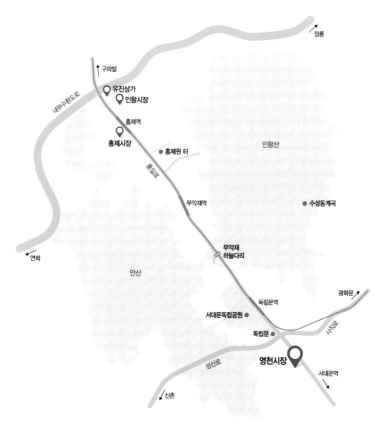

서대문 영천·인왕시장.

개항 이후 영욕을 함께한
다문화 체험장

인천 신포국제시장

개항기 제물포 조약(1882)으로 제물포가 개항되자 일본, 청나라, 미국 등에서 온 외국인의 전용 주거지인 조계지가 속속 생겨났다. 이후 제물포에 자생적으로 생긴 시장이 신포국제시장이다. 인천 최초로 개설된 근대적 상설시장으로 100년이 넘는 역사를 갖고 있다.

중국 상인들은 산둥성에서 채소 씨앗을 가져와 인천 도화동과 숭의동 일대에서 배추, 무, 양파, 피망, 당근 등의 농사를 지어 일본인들에게 내다 팔았다. 이곳에는 연안에서 잡은 수산물을 취급하는 어시장과 닭전 거리도 있었다. 신포국제시장은 1970년대 전성기를 누렸으며 인천시청이 1985년 중구청 자리에서 현재 위치인 구월동으로 이전하면서 쇠락의 길을 걸었다.

그러나 한중수교보다 2년 앞선 1990년 인천항과 중국 웨이하이를 운항하는 한중 카페리가 운항하면서 중국 관광객이 인천항으로 입국하기 시작했다. 더욱이 차이나타운이 관광지로 각광 받으며 신포국제시장이

신포국제시장은 140여 개의 점포가 있으며
신포 닭강정, 공갈빵, 신포만두, 에그타르트 등이 유명하다. 시장 입구에 설치된 간판.

신포국제시장이 주말을 맞아 국내외 관광객들로 붐비고 있다.

관광객들로 넘쳐났다. 제2 전성기를 맞은 것이다.

짜장면과 쫄면의 고향

신포국제시장은 인천 개항장, 차이나타운과 지리적으로 연결돼 있다. 노포와 숨은 맛집이 즐비해 이곳을 오랫동안 단골로 찾는 사람도 많지만 개항장과 차이나타운을 찾은 관광객들도 한 번 정도는 꼭 거치는 곳이다. 신포국제시장을 이야기할 때 개항장과 차이나타운을 빼놓고는 말할 수 없다.

차이나타운과 개항장 일대에서 처음 만들어진 인천을 대표하는 음식이 짜장면과 쫄면이다. 짜장면은 한·중·일 3국의 음식문화가 서로 밀접한 영향을 주고받으며 진화를 거듭한 끝에 탄생한 음식이다. 면에

차이나타운 내 있는 짜장면 박물관.

인천 차이나타운이 관광객들로 인산인해를 이루고 있다.

짜장(중국)을 올리고 고춧가루(한국)를 뿌려서 다쿠앙(일본)을 반찬으로 놓고 먹는 이유가 여기에 있다.

차이나타운을 즐기는 비법 한 가지를 소개하면 짜장면 순례를 하는 것이다. 짜장면은 아무 중국집에서나 먹을 수 있지만 차이나타운에서는 맛과 재료가 특별하다. 백년 짜장, 하얀 짜장, 고기 짜장 등 중국집마다 특색이 있어서 짜장면 순례에 나서볼 만하다.

쫄면은 1970년대 초 신포국제시장 건너편인 경동 광신제면에서 냉면을 만들다가 일반 면발에 비해 녹말가루를 더 넣는 바람에 냉면보다 덜 질기면서도 더욱 쫄깃한 면발이 만들어졌다고 한다. 굵고 쫄깃한 면발에 고추장을 비롯한 갖은 양념을 넣고 콩나물 등 신선한 각종 야채를 함께 비벼 먹는 쫄면은 전국적인 명성을 얻게 됐다.

여름의 별미인 냉면은 이북에서 처음 만들어졌으며 그 유래는 고려시대까지 거슬러 올라간다. 개항장 일대에도 냉면이 유명한데 동인천역 뒤편 화평동에 냉면거리가 조성돼 있다. 이곳은 세숫대야 냉면으로 유명하다. 세숫대야 같은 큰 그릇에 나오는 데서 이름이 붙여졌으며 그만큼 양도 많고 맛도 좋다.

신포국제시장은 평일이나 주말을 가리지 않고 중국·일본 관광객들로 넘쳐났다. 해외 관광객이 단체 투어를 올 정도로 문전성시를 이뤘다. 하지만 코로나 사태 이후 관광객들의 발길도 주춤해졌다. 최근에는 주말에만 소수의 중국 관광객과 한국인 관광객들이 시장을 방문하고 있다.

주변 곳곳에 근대 문화유산

인천 중구청 앞 개항장 거리 일대는 개항과 더불어 외국인 전용 거주지역인 조계지가 형성되면서 국내외에서 사람들이 모여들고 상권도 번성했다. 이때 세워진 근대 건축물들이 곳곳에 남아 있다. 제물포 구락부(현 인천시 역사자료관), 인천 일본 제1은행 지점(현 개항박물관), 인천 우체국 등 많은 근대 문화자산이 남아 있다.

개항장은 일본과 청나라, 미국, 러시아 등 열강이 각축전을 벌였던 장소이다. 이곳에 일본 조계, 청 조계, 각국 공동조계(미국인, 영국인, 일본인, 청국인, 독일인, 러시아인, 프랑스인이 함께 거주할 수 있는 조계지)가 세워지면서 개항장은 신문물 도입의 관문 역할을 했다.

인천항을 통해 입국한 외국인들이 서울로 가기 전 묵었던 한국 최초의 서양식 호텔인 대불호텔이 개항장에 들어서는 것은 어쩌면 당연한 일이었을 것이다. 이곳에서 한국 최초의 커피를 맛볼 수 있었다. 대불호텔은 경인선이 개통되기 전까지만 성업했다. 경인선이 건설되면서 서울로 가는 시간이 줄어들자 굳이 개항장에서 숙박할 필요가 없어졌기 때문이다. 대불호텔은 1978년 철거됐다가 문화재청이 보존을 추진해 2018년 개항기 당시의 모습으로 재현됐다. 지금은 대불호텔 전시관으로 사용되고 있다.

개항장 일대도 둘러봤다. 인천개항박물관에서 외국인 사교클럽인 제물포 구락부, 대불호텔 전시관이 있는 일본인 거리와 청·일 조계지

국내 전통시장으로는 유일하게 신포국제시장 내 소규모 등대공원이 설치돼 있다.
진홍색 등대는 관광객들이 찾는 명소다.

개항기에 인천항을 통해 입국한 외국인들이
서울로 가기 전에 묵었던 한국 최초의 서양식 호텔인 대불호텔을 재현한 대불호텔 전시관.

경계 계단을 거쳐 차이나타운으로 이어지는 언덕길로 향했다. 차이나타운 입구임을 알리는 패루(중국식 대문)를 지나자 '태림봉'을 시작으로 거리 양쪽에 중국집들이 이어졌다.

점심을 먹고 돌아볼 요량으로 몇 번 가본 적이 있는 중국집인 태화원 안으로 들어갔다. 넓은 가게에 손님들로 가득 차 빈자리가 없었다. 관광객들이 거리 대신 여기 모여 있었다. 잠시 기다린 후 자리에 앉을 수 있었다. 나중에 알았지만 이날 다른 중국집들도 사정은 마찬가지였다. 주말이면 대부분 가게가 손님들로 가득 찬다는 것이다.

식당에서 나오자 건물과 거리는 마치 중국에 와 있는 것처럼 중국풍으로 확 바뀌었다. 1960년대 설립 당시 중국 화교들의 성당이었던 천주교 해안성당을 지나자 짜장면 박물관이 보였다. 짜장면 박물관에서 중국성, 최초로 짜장면을 만든 것으로 알려진 공화춘, 연경, 만다복, 신차이로 이어지는 차이나타운에는 어디서 나타났는지 사람들이 갑자기 늘어나 서로 어깨를 부딪치며 걸어야 할 정도였다. 몇몇 공갈빵 가게와 꼬치 가게 앞에는 손님들이 줄을 길게 늘어서 있었다.

손님이 없는 가게에는 젊은 직원들이 관광객을 향해 목청을 높였다. "수제 공갈빵 있어요. 맛보고 가세요!"

숨겨진 맛집 즐비한 미식의 성지

때이른 초여름 날씨로 이마에 땀이 송골송골 맺히기 시작할 즈음 자유공원에 도착했다. 눈앞에 광장이 펼쳐졌다. 광장에 전망대는 따로 없지만 인천 내항의 전경을 한눈에 볼 수 있었다. 내항은 일제강점기 때 수탈의 역사를 고스란히 간직하고 있는 부두이다. 우리 국민들을 강제 동원해 삽이나 곡괭이도 주지 않고 맨손으로 땅을 파게 해 부두와 갑문을 건설했다.

백범 김구는 서간도에서 무관학교 설립 자금을 모으다가 1910년 체포되어(안악 사건), 서울에서 옥살이를 하다가 1914년 인천 감리서로 이감됐다. 백범은 1부두 축항 공사장에 끌려가 강제노역을 한 것으로 알려져 있다. 앞서 백범은 1896년 명성황후 시해범을 살해해 인천 감리

청년 백범 역사의 거리에 설치되어 있는 백범 김구 동상.

서에 갇혔었는데 신포시장 상인들이 주축이 된 인천 객주회가 백범 구명운동을 펼치기도 했다. 개항장에서 신포국제시장으로 넘어가는 길인 신포패션 문화의 거리 입구에서 인천 내동교회까지 이르는 '청년 백범 역사의 거리'가 조성돼 있다.

자유공원 광장 끝에는 인천상륙작전을 기념하기 위해 1957년에 세워진 맥아더 장군 동상이 위용을 자랑한다. 한국 사회가 보수와 진보로 양분되면서 맥아더 장군 동상은 보수의 상징처럼 돼 논란의 중심이 되기 일쑤였다.

자유공원에서 개항장 뒷길을 걸어 신포 문화의 거리로 내려왔다. 뒷길에도 오래된 맛집이 있긴 하지만 신포동 문화의 거리에는 알려진 맛집과 숨겨진 맛집이 즐비하다. 청실홍실, 대성불고기, 등대 경양식, 민어횟집, 일본식 다다미 건물에 자리 잡은 작은 선술집, LP 뮤직 카페 등 가게마다 개성 있는 맛과 특색으로 손님들을 유혹하고 있다. 특히 개항장과 신포동 문화의 거리에는 1970~80년대 향수를 느낄 수 있는 LP판을 들으며 맥주를 마실 수 있는 '무디 블루스', '흐르는 물' 등 LP 뮤직 카페 10여 곳이 성업 중이다. LP 뮤직 마니아들 사이에선 성지로 불린다. 이곳은 대부분 뮤직 박스를 갖추고 있으며 호젓한 저녁 시간이면 가수들의 라이브 음악을 들을 수 있다.

신포국제시장은 조성 당시 '새로운 항구'라는 의미의 신포(新浦)시장으로 불리다 2010년에 신포국제시장으로 이름을 바꿨다. 신포국제시장에는 140여 개의 점포가 있으며 신포 닭강정, 공갈빵, 신포 만두, 에그타르트 등이 유명하다. 시장 내 칼국수 가게가 모여 있는 칼국수 골목, 생선 골목, 옷을 수선하는 수선 골목이 있다. 개항장과 차이나타운, 인현동, 신포 지하상가까지 포함할 경우 점포 수는 훨씬 더 많아진다. 신포국제시장에는 시장의 유래를 알려주는 풍성귀전 조형물과 우리나라 전통시장으로는 유일하게 소규모 등대공원이 설치돼 있다.

신포국제시장은 5개 골목으로 구성돼 있는데 어떤 골목은 걸음을 옮기기조차 어려울 정도로 사람들로 가득 찼으며 어떤 골목은 소수의 관광객만 보일 뿐 한산했다. 신포 닭강정과 공갈빵 가게 등 일부 유명 점포 앞에는 물건을 사려는 사람들이 길게 줄을 늘어서 있다.

신포국제시장과 개항장 일대에는 매스컴에 알려진 맛집도 많지만 그보다는 노포와 지역 주민들만 아는 알려지지 않은 맛집이 훨씬 더 많다. '청년 백범 역사의 거리'를 따라 넘어가면 전기구이 통닭과 삼계탕, 삼치 골목으로 유명한 인현동이다. 동인천역 건너편인 이곳은 1970~80년대

개항기에 일본인과 청국인 전용 거주지역인 조계지의
경계를 표시한 청 · 일 조계지 경계 계단 전경.

젊은이들의 만남의 장소로 유명했다. 이곳에는 대한서림, 동인서관이
있었으며 인근 제물포고, 인성여고, 인일여고와 여러 중학교에서 사용
하는 참고서 수요가 많아 학생들이 모여들었다. 음악다방과 길 건너편
의 애관극장, 미림극장 등 문화 · 휴게시설도 많아 젊은이들뿐 아니라
시인 · 소설가 · 예술인들의 발길이 잦았다.

　또 이곳은 한국에 전파된 기독교 3대 주류 종파(개신교, 천주교, 성공
회)가 위치한 기독교 성지이기도 하다. 인천 최초의 천주교 성당인 답
동성당과 한국 감리교의 발상지 내리교회, 한국 최초의 성공회 성당 내
동교회가 위치해 순례객들이 많이 찾는다. 동인천역에서 답동성당 앞

사거리까지 700미터에 이르는 지하상가는 국내에서 처음 지어졌지만 안타깝게도 역사에 기록되지 못했다.

공식적으로는 1967년 서울시청 앞 을지로 1가에 세워진 '새서울지하상가'가 국내 최초의 지하상가이다. 그러나 이보다 4년 앞선 1963년에 일명 '굴다리'로 불렸던 '동인천지하도'가 건설됐으나 인근 상인들의 반대로 상가 없이 지하도만 개통했다. 8년 뒤 정상 개장했지만 한국 최초로서의 기록은 날아간 뒤였다.

인천시 관계자는 "인천 개항장 일대에는 한국 최초의 유·무형 자산이 많아 볼거리를 제공하고 이것 못지않게 알려지지 않은 맛집도 많아 미식의 성지로 불린다"고 말했다.

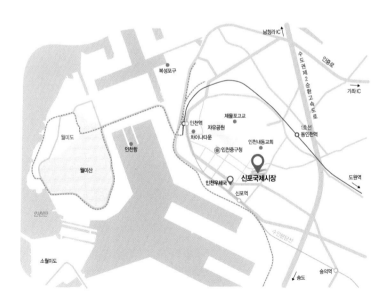

인천 신포국제시장.

연안부두의
흥과 멋을 간직하다

인천 종합어시장

　인천 월미도와 연안부두는 서울과 수도권 사람들이 스트레스를 풀기 위해 예전부터 흔히 찾던 곳이다. 탁 트인 바다를 보며 쌓였던 스트레스를 풀고 저렴한 가격으로 회도 푸짐하게 먹고 일상으로 다시 돌아가곤 했다.

　월미도는 젊은 연인들이 많이 찾는 반면 연안부두는 젊은 층을 제외한 남녀노소 모두에게 인기가 있는 장소이다. 오죽하면 '연안부두'란 노래까지 만들어졌겠는가.

　연안부두는 지금이야 인천 종합어시장과 수많은 맛집, 해수탕, 유람선, 제주·서해5도 운항 카페리를 타는 인천항 연안여객터미널이 있고 수도권 바다 낚시인들의 메카로 알려져 사람들이 붐비는 유명 관광지가 됐지만 조성 당시에는 외진 항구였다. 연안부두 일대는 1960년대 후반 인천 내항 조성 시 생긴 흙으로 매립한 곳이라는 사실을 아는 사람은 많지 않다.

추석 직전 싱싱한 해산물을 사려는 사람들로 붐비는 인천 종합어시장.

50년 전 문 열 때는 동양 최대 어시장

인천 종합어시장의 유래는 1902년 중구 신포동 신포국제시장으로 거슬러 올라간다. 신포국제시장은 1883년 인천이 개항하면서 인구가 크게 늘어나자 그 배후 시장으로 생겼다. 신포국제시장에는 채소시장과 어시장으로 대별되는 시장이 있었고 이 어시장이 1931년 월미도가 있는 북성동으로 옮겨갔다가 1975년 지금의 자리로 이전했다. 인천 종합어시장의 역사는 신포국제시장에서부터 시작한다면 120년이 넘었고 현재의 위치에서만 보면 50년이 가까이 됐다.

인천시 중구 연안부두로 33번길 37(항동 7가)에 1975년 12월 문을 연 인천 종합어시장은 1만1,500㎡의 부지에 연면적 7,600㎡의 건물을 세워 사업협동조합 형태로 현재 500개 점포가 영업 중이다. 냉동 수산물을 보관하는 점포를 제외하고 실제 영업을 하는 점포는 350여 개이다.

인천 종합어시장은 서해안 인근 연안에서 갓 잡은 싱싱한 수산물을 공급하는 어시장이다. 조성 당시 동양 최대 어시장이었다. 수도권에 위치하고 있는 산지시장이면서 전국으로 수산물을 유통하는 국내 최대 규모의 수산물 유통시장 중 한 곳이다. 매년 8만여t의 수산물이 유통되고 서울과 수도권에서 평일 3,000~5,000명, 주말 2만~3만 명 정도가 시장을 방문한다.

인천 종합어시장은 건어부와 젓갈부(젓갈부 첫째 화요일, 건어부 첫째·셋째 수요일 휴무)를 제외하면 연중무휴로 운영되고 있다. 개장시간은 정해진 것은 아니지만 대략 새벽 4시에서 오후 9시까지이다. 경매가 새벽 4시에 시작되고 경매에서 수산물을 받아 도매를 시작해야 하기 때문에 점포도 이때쯤 문을 연다.

상점마다 간판과 번호가 쓰여 있고 골목마다 비슷한 종류의 해산물이 모여 있어 처음 방문한 사람도 쉽게 장을 보며 시장을 둘러볼 수 있다.

연중무휴, 고래를 뺀 거의 모든 수산물 취급

인천 종합어시장은 취급 품목별로 7개 파트로 나뉘어 있고 선어 도매·소매부에서는 신선한 수산물을, 활어부에서는 싱싱한 활어를, 건어부에서는 직접 말린 건어물을, 젓갈부에서는 토굴에서 숙성한 젓갈을, 패류부에서는 꽃게·새우·낙지·조개류를, 냉동수산부에서는 냉동수산물을 공급한다. 400여 종에 달하는 싱싱한 수산물을 시중가보다 싼 가격으로 판매한다. 고래만 빼고 모든 수산물을 취급한다고 보면 된다. 전체 판매 중 도매가 30%를 차지한다.

요즘 어시장에서 인기가 많은 수산물은 꽃게, 대하, 전어, 민어, 홍어이다. 꽃게는 인천을 대표하는 수산물로 4~5월과 10~11월에 그 맛이 절정에 달한다. 꽃게는 11월이 돼야 알이 차고 토실토실하게 살이 오른다. 봄에는 암꽃게가, 가을에는 수꽃게가 인기가 많다. 인천시는 가을 꽃게철을 맞아 2023년 10월 7~8일 인천 종합어시장 앞에서 꽃게 소비를 촉진하기 위해 꽃게 직거래 장터인 '꽃게 축제'를 개최했다.

인천 종합어시장에서 고등어 · 자반 · 오징어 · 삼치 도 · 소매 가게를 운영하는 김순화 순화상회 사장은 "당일 새벽에 경매 받아서 수산물을 가져오기 때문에 싱싱하고 시중가보다 저렴하다는 게 가장 큰 장점"이라고 설명했다. 명절 때 인천 종합어시장은 서해에서 잡은 싱싱한 수산물을 사려는 사람들로 붐빈다. 꽃게, 대하, 전어, 민어를 판매하는 점포 앞에는 발 디딜 틈이 없을 정도로 손님이 많다.

추석을 앞두고 방문한 시장 내 상당수 손님은 제수용품을 구입하고 있었다. 인천 종합어시장에서는 수산물 소비 진작을 위해 수산물 구매자에게 구매금액의 최대 30%를 돌려주는 온누리상품권 환급행사도 종종 개최한다. 대기 줄이 100미터 이상 될 정도로 사람이 많았다. 환급을 받는 데 적지 않은 시간이 걸렸다.

어시장 상인들은 일본 후쿠시마 원전 오염 처리수의 해양 방류에도 불구하고 어시장 방문 손님들의 수는 방류 이전인 예년과 비슷한 수준이라고 입을 모았다. 다만 고물가로 인한 경기 악화에 따라 손님들의

꽃게, 대하, 전어를 판매하는 점포 앞에서 손님들이 수산물을 구매하기 위해 살펴보고 있다.

씀씀이가 줄면서 상인들의 매출은 예년보다 떨어졌다. 원전 오염 처리수 방류 직전에는 오히려 방문객들이 늘어나 상인들이 무슨 일인가 하고 의아해했단다. 알고 보니 '오염 처리수가 국내에 도달하기 전에 생선을 실컷 먹자'라는 이상 소비자 심리가 작용한 것이다.

김낙정 대일회수산 사장은 "예전에는 5만 원짜리가 잘 팔렸다면 요즘은 이보다 작은 2만~3만 원짜리 생선이 많이 나간다"고 말했다. 김경자 철수상회 사장은 "이따금 원산지를 물어보는 사람이 있지만 대부분은 물어보지 않는다. 그것보다는 오히려 손님들이 구매량을 줄이는 게 문제"라며 아쉬워했다.

밴댕이 회무침, 해수탕 등 먹거리 즐길 거리 풍부

어시장에서는 수산물 구매만 가능하다. 구입한 활어나 대하, 꽃게를 상차림 비용만 부담하면 즉석에서 요리해 먹을 수 있는 식당과 횟집이 어시장 인근에 수백 곳에 달한다.

인천 종합어시장에 와서 놓치지 않고 맛봐야 하는 메뉴가 고소한 맛이 일품인 밴댕이 회무침이다. 연안파출소 옆에 있는 밴댕이 회무침 거리에는 40~50년 된 유명한 노포들이 즐비하다. 이름처럼 식당들이 거리에 늘어서 있는 게 아니라 해양센터 건물 안과 뒤편에 집중되어 있다. 건물 뒤편에는 바다가 맞닿아 있다.

다양한 수산물을 푸짐하게 맛보고 싶다면 제주행 인천항 연안여객

보리굴비와 민어, 우럭을 반건조한 수산물이 저렴한 가격으로 판매되고 있다.
보리굴비 10마리에 10만 원, 민어 50㎝짜리 1마리 2만 원, 우럭 2만 원에 판매됐다.

터미널 맞은편 100미터 안쪽에 위치(항동 7가 86의 1)한 '풍물의 거리'를 추천한다. 이곳은 지난 1990년 조성됐으며 회를 먹으면 곁들이 찬을 많이 주는 곳으로 유명하다. 조성 당시 40여 곳의 포장마차형 횟집들이 다닥다닥 늘어서 영업했으나 현재는 10여 곳만 영업 중이다. 장소가 후미진 곳에 있어 단골손님이나 소문 듣고 오는 손님들이 주로 찾는다.

60첩 반상의 해산물이 제공되고 낙지, 전복, 멍게, 매운탕 등이 서비스로 제공된다. 보통 4명이 먹을 수 있는 메뉴 가격이 16만~17만 원선이다.

또 인천 종합어시장에 오면 놓치지 말아야 할 게 해수탕이다. 1981년 국내 최초로 만들어진 원조 해수탕을 비롯, 대형 해수탕 10여 곳이 자리 잡고 있다. 여기 해수는 바닷물이 아니다. 지하 200미터 암반층에서 끌어올린 지하수로 100여 가지의 미네랄이 함유돼 고혈압, 동맥경화, 관절염, 신경통, 부인병, 피부병, 무좀 등에 탁월한 효험이 있다. 이곳 해수탕은 서울에서도 이용객이 찾아올 만큼 널리 알려져 있다.

이 밖에 인천 종합어시장 인근에는 서해5도와 제주도를 운항하는 카페리를 타는 인천항 연안여객터미널이 있고 인천상륙작전의 거점이 됐던 한국 최초의 현대식 등대인 팔미도와 인천대교, 인천항 연안을 항해하며 둘러보는 유람선을 탈 수 있는 유람선 신착장도 인근에 있다.

유람선 선착장 옆에는 인천시의 교류 우호 도시인 러시아 상트페테르부르크시의 이름을 딴 상트페테르부르크 광장이 있다. 광장 내에는 1904년 러일전쟁 당시 인천 앞바다에서 일본군과 전투 중 손상을 입은 함선을 일본군에 넘겨주지 않기 위해 항복하지 않고 함선과 함께 자폭한 러시아 군인들을 추모하는 순양함 '바랴그'호 추모비가 세워져 있다.

인천 종합어시장 인근에 인천상륙작전의 거점이 됐던 한국 최초의 현대식 등대인 팔미도와
인천대교, 인천항 연안을 항해하며 둘러보는 유람선을 탈 수 있는 선착장이 있다.

리모델링은 한계, 이전 추진

인천 종합어시장은 전국 대부분의 전통시장이 직면하고 있는 어려움에 처해 있다. 역사가 오래된 만큼 시설이 노후화되고 비좁은 데다 주변에 아파트와 초등학교가 있어 소음·악취 민원이 많이 발생하고 있지만 각종 규제와 비용 부담 때문에 시설 및 주차장 확대 등 현대화 사업을 추진하는 데 어려움이 있다. 인천 종합어시장은 틈틈이 보수 공사를 하지만 여전히 불편을 겪고 있다. 근본적인 문제 해결책은 어시장

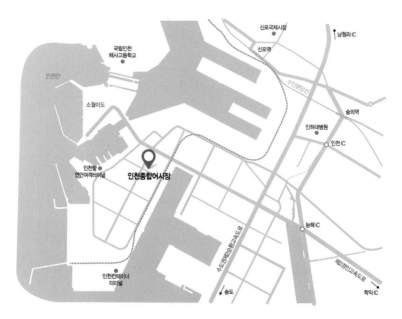

인천 종합어시장 상권.

이전이다. 그나마 지붕 개량과 화장실 리모델링을 실시했으며 어시장 옆 기존 공영주차장 5,420㎡ 부지에 435대를 주차할 수 있는 지상 4층 규모의 주차타워를 건립했다.

인천 종합어시장사업협동조합은 인천이 해양도시인 만큼 바닷가로 이시장을 이전해 손님들이 수산물을 구입하고 바다와 다양한 편의시설도 함께 즐길 수 있도록 해 어시장을 활성화하고 지역의 랜드마크로 자리매김하겠다는 계획이다. 조합은 미래 발전적인 어시장을 만들기 위해 17년 전부터 숙원사업으로 어시장 이전사업을 추진하고 있지만 마땅한 부지와 비용이 없어 실마리를 찾지 못하고 있다.

지난 2006년 인천해역방어사령부 이전 부지로 어시장 이전을 추진했지만 수천억 원에 달하는 부대 이전비용 부담을 놓고 인천시와 국방부가 합의점을 찾지 못해 무산됐다. 최근에는 송도국제도시 내 신국제여객터미널로 이전한 제1국제여객터미널 부지 등으로 이전을 추진했지만 난개발을 우려하는 인천시의 반대로 무산됐다. 현재 조합은 인천항만공사가 매립 중인 연안부두 물양장으로 이전을 목표로 인천시, 인천항만공사와 협의를 진행 중이다.

유기붕 인천 종합어시장사업협동조합 이사장은 "어시장이 경쟁력을 갖추기 위해서는 바닷가에 위치하고 충분한 인프라를 조성해 볼거리, 즐길 거리, 먹거리를 충족시켜 젊은 층을 끌어들여야 한다"고 말했다.

인천 종합어시장 방문 시 승용차를 이용할 경우 인천국제공항고속도로나 경인고속도로, 제2경인고속도로를 이용해 이동하면 된다. 전철 이용 시 동인천역에서 하차해 시내버스 12번(SK충전소 하차), 24번(연안부두어시장 하차), 36번(연안초등학교 하차)을 타면 된다.

원조 부대찌개의
추억과 함께

의정부 제일시장

경기도 의정부에서 탄생한 부대찌개는 한국전쟁 이후 미군 부대에서 나온 식재료들을 가지고 우리 입맛에 맞게 김치와 뜨끈한 국물을 더해 만들었던 것이 시초로 알려졌다.

1960년대 초 어느 날 의정부에서 어묵을 팔던 한 포장마차에 미군 부대 장병과 군속들이 찾아오면서 미국 식재료와 한국식이 결합한 '퓨전 음식'이 만들어졌다. 미군 부대 손님들은 부대에서 햄과 소시지 등을 챙겨와 먹을 수 있게 요리를 해달라고 주문했다. 처음에는 간단하게 햄, 소시지를 볶은 요리를 만들었지만 나중에는 물과 함께 한국 대표 음식인 김치 등을 넣고 끓여 찌개로 만들어 내면서 부대찌개가 탄생한다.

1970년대 의정부 제일시장 전경.
의정부시 제공

30~50년 된 전문식당이 모인 원조 '부대찌개 거리'

부대찌개의 원조 거리는 의정부 행복로에서 도보로 5분 거리에 있는 경전철 의정부중앙역에 가면 만나게 된다. 가장 먼저 '의정부 부대찌개 거리'란 아치형 간판이 한눈에 들어온다. 차량 두 대가 간신히 오갈 정도로 좁은 이 길 150여 미터 양쪽에 부대찌개를 전문으로 하는 음식점 12곳이 부대찌개 거리를 형성하고 있다.

식당들은 대부분 30~50년 이상 된 곳으로 각각의 식당마다 약간씩 다른 맛과 서비스로 이곳을 찾는 손님들을 맞는다. 이곳 부대찌개는 이제 의정부의 대표 음식브랜드로 자리 잡는 등 지역경제를 살리는 관광상품으로 거듭나고 있다. 의정부시는 부대찌개를 관광자원으로 활용하기 위해 부대찌개 거리를 간판이 아름다운 거리로 지정하고, 2006년부터 매년 가을 의정부 부대찌개 축제를 열고 있다.

거리 입구 건너편 의정부시 퓨전 문화관광 홍보관도 찾아볼 만하다. 의정부 부대찌개 거리의 이야기를 발굴해 영상으로 만들고 바닥에 생생한 골목 그래픽을 구현해 부대찌개 골목 VR 체험관(부대찌개 골목과 부대찌개 만들기 가상체험)을 경험할 수 있다. 또한 지역의 역사를 한눈에 살펴볼 수 있어, 의정부를 처음 찾는 이들에게 유익한 정보를 제공한다. 의정부시 관계자는 "부대찌개 거리를 즐기고, 이야기와 체험으로 부대찌개를 기억할 수 있는 전시공간을 통해 의정부 원조 부대찌개 이미지 제고와 홍보를 위해 노력을 지속할 것"이라고 말했다.

한국전쟁 직후 실향민들이 시작

행복로 번화가의 끝에는 전통시장인 의정부 제일시장을 만날 수 있다. 제일시장은 의정부 상업의 전통과 현대의 소비생활이 파노라마처럼 펼쳐지는 지역상권의 중추로 50여 년의 역사를 자랑한다.

한국전쟁 이후 의정부는 교통의 중심지로 미군 부대의 군용품과 경기 북부 지역에서 생산된 농수산물이 자연스럽게 모여들었다. 이때 휴전선 가까운 곳에 정착하게 된 실향민들을 중심으로 목조로 된 판잣집 형식의 5일장이 형성되었던 것이 의정부 제일시장의 시작으로 알려졌다.

1954년 공설시장조합을 결성하고, 1959년에는 제1 공설시장으로 개설됐다. 이후 정부의 공설시장 민영화 지침에 따라 1976년 4월 12일 사단법인 의정부 제일시장번영회를 설립하고, 당시 영업 중이던 상인 회원 394명이 의정부시로부터 4,500여 평의 대지를 구입해 상가건물이 들어서게 됐다. 이후 시장은 고객의 동선과 편의성을 고려해 2006년까지 십자로 거리를 조성했다. 출입구를 기준으로 가, 나, 다, 라로 나뉜 시장은 동별로 가동은 브랜드 의류, 나동은 잡화 및 커튼, 다동은 식품 및 방앗간, 라동은 한복을 포함한 일반 의류 등으로 구분돼 있다. 같은

의정부 로데오거리 입구.

업종끼리 모여 있다 보니 고객들은 제품을 비교하며 구매하는 등 선택의 폭이 넓어졌고, 상인들은 고객을 한 명이라도 더 끌어들이고자 더 나은 서비스와 질 좋은 제품으로 손님을 맞는다.

시장 중심에 있는 십자로 장터마당은 의정부 제일시장에서 주최하는 각종 공연은 물론 이벤트장으로 다양한 행사가 펼쳐지는 공간으로 활용된다. 이곳에서 고객과 상인이 함께 어우러지는 주부가요제, 비보이 공연 등이 열리며, 지역민들의 커뮤니티 공간 역할도 겸하고 있다. 예전에는 사람 하나 겨우 지날 정도로 비좁았던 통로를 3미터 이상 넓혀 긴급 재난 상황에서도 신속하게 대처할 수 있는 안전한 시장이 됐다. 이러한 노력으로 의정부 제일시장은 2008년 전국 1,550개 시장평가에서 경기도 1위, 전국 3위를 차지하는 등 우수재래시장으로 알려지면서 전국의 여러 지자체와 전통시장이 벤치마킹을 위해 시장을 찾기도 했다.

이처럼 의정부 제일시장의 활성화에는 번영회의 노력도 한몫을 차지한다. 시장과 오랜 시간을 함께해 온 번영회는 변화하는 사회와 전통

의정부 로데오거리 입구.

시장의 위기에 대응하고자 의정부 제일시장 역시 다양한 방안을 추진하고 있다. 2002년 현대화 사업으로 아케이드를 설치하고, 낡은 시설을 교체하는 등 점포 정비사업을 벌였고, 주차장도 확충했다. 2008년 정부 평가에서는 경기도 1위, 전국 3위를 차지했는데, 상인 조직, 상권 매력도, 시설, 점포 경영, 공동 마케팅, 시장 운영 등 6개 부문에서는 최고점을 받기도 했다.

의정부 제일시장은 코로나19가 한창이던 2021년 5월부터는 온라인 주문과 배송서비스를 확대 운영해 눈길을 끌었다. 이는 의정부시 상권활성화재단을 주체로 의정부 제일시장과 의정부시장에서 판매하는 먹거리 및 신선한 식자재를 2시간 이내 배달을 해주는 서비스다. 당시 시작 한 달 만에 전국 104개 전통시장 중 매출액과 주문 건수에서 전국 9위를 차지하는 등 가시적 성과를 내고 있다.

의정부 제일시장 전경.

젊음과 전통이 공존하는 '문화 1번지' 행복로

젊음의 열기와 역사와 전통이 공존하는 행복로는 의정부의 문화 1번지로 일컬어진다. 호국로, 평화로, 시민로, 태평로 가운데 사각형 지대에 형성된 행복로에는 다양한 조각상과 벤치, 공연장과 인공연못, 실개천이 어우러져 시민의 쉼터로 많은 사랑을 받고 있다.

행복로에서 가장 눈에 띄는 곳은 공연장으로 꾸며진 상설 무대다. 무더운 여름이나 선선한 가을이면 이곳 무대를 중심으로 비보이 공연, 나눔 벼룩시장, 청소년 수련관의 행복 나눔 축제, 밴드, 버스킹 등의 다양한 공연을 볼 수 있다. 지금은 가족 단위의 많은 시민이 행복로를 찾는다. 어린이들은 분수대와 실개천에서 물놀이를 할 수 있고, 곧게 뻗은 소나무들 아래 만들어진 벤치에서 더위를 식힐 수 있기 때문이다.

행복로에서 만남은 이성계 동상에서 시작된다. 의정부시와 이성계의 인연은 600여 년 전으로 거슬러 올라간다. 태조는 둘째 아들 방원(태종)이 일으킨 '왕자의 난' 이후 함흥으로 가게 된다. 이후 태조는 태종이 보낸 사자들을 감금, 살해하고 돌려보내지 않았다. 이로 인해 '함흥차사'라는 말이 생겼다. 그러다가 조선왕조 건국에 기여한 도승 무학대사의 끈질긴 설득 끝에 태조는 1402년 12월 의정부 인근까지 돌아오게 됐다.

하지만 태조는 한양으로 돌아가지 않고 지금의 의정부에 장기간 머물렀다. 이후 대신들은 자주 태조를 찾아와 정무를 의논하고 윤허를 받았다. 이때부터 사람들은 태조가 머문 곳을 당시 조선 시대 최고 의결기관의 이름을 따 '의정부'라고 불렀다. 또 지금의 호원동 일대를 일컫는 '회룡'이라는 지명 역시 이성계가 '돌아왔다'는 의미에서 따온 것이다.

이성계 동상을 기준으로 로데오거리와 행복로를 구분하기 쉬우며, 의정부역과 버스 정류장이 가까워 연인들이나 삼삼오오 모여 있는 젊은 층을 쉽게 찾아볼 수 있다.

　다양한 먹거리로도 행복로는 이름값을 톡톡히 한다. 600미터에 달하는 행복로에는 모두가 잘 아는 프랜차이즈 음식점과 함께 경기도에서는 가장 오래된 중국음식점까지 자리하고 있다.또 젊은 층이 많이 찾는 만큼 유행하는 음식점이나 메뉴가 빠르게 생겨나는 것도 행복로의 특징 중 하나다. 더욱이 의정부 제일시장 내 떡볶이와 냉면, 부대찌개 거리를 비롯해 작은 골목 곳곳에 숨어있는 맛집을 찾는 재미도 쏠쏠해 의정부뿐만 아니라 인근 지역인 양주, 동두천, 포천, 연천에서도 많은 사람이 찾고 있다.

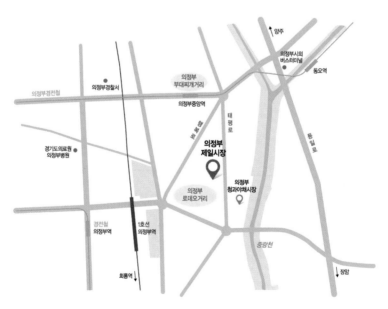

의정부 제일시장 상권.

전통시장과
쇼핑몰이 나란히

수원역 로데오상권

전국 기초자치단체 가운데 가장 많은 인구인 135만 명이 살고 있는 수원시의 관문인 수원역은 1905년 경부선이 개통되면서, 하루 30만 명의 유동인구가 지나는 경기도 최대 철도역이다. 수원역에 내려서면, 하늘 높이 솟아 있는 대형 쇼핑몰과 백화점이 가장 먼저 눈에 들어온다. 현대화된 웅장한 건물들은 한눈에 이용객들을 끌어모으기에 충분해 보인다. 유명 백화점 등 무려 3개에 달하는 대형 쇼핑몰이 있는 이런 곳에도 전통시장이 있을까 생각하지만, 여기에는 무려 100년 전부터 형성된 전통시장 2곳이 아직도 사람들의 발길을 끌어모으고 있다.

특히 이들 전통시장은 인근에 있는 지하상가와 젊은 층이 모이는 테마 거리까지 합쳐 '수원역 로데오상권'을 형성, 저마다의 특색을 내세워 공존하고 있다. 로데오거리는 세계적인 패션 거리인 미국 캘리포니아주 베벌리힐스에 있는 패션 거리 '로데오 드라이브'에서 유래돼 서구화된 거리를 의미하지만, 수원역에서는 전통시장과의 지역상권이 공존하

수원역 앞 역전시장과 매산시장 사이에 'ㄱ'자로 형성된 순대곱창 골목,
지금도 20대부터 60대까지 손님들이 찾아오는 지역 명소다.
수원도시재단 제공(이하 동일)

수원역 로데오거리에서 열리는 먹거리 축제.

는 20~60대들이 함께 즐길 수 있는 공간으로 인기를 얻고 있다.

90년 전통 순대곱창 골목

수원역 로데오 상권 가운데 모든 계층에 인기가 있는 곳은 전통시장인 역전시장과 매산시장 중간쯤 'ㄱ'자로 형성된 '순대곱창 골목'이다. 여기 순댓국집 중에는 90년 전통을 자랑하는 곳도 있다. 이곳은 과거 수원역에서 전국으로 뻗어 나가는 기차를 타기 전에 들러 배를 채우던 곳으로, 지금도 20대부터 60대까지 다양한 연령층이 그 맛을 잊

순대 골목을 알리는 순대 골목 간판.
이곳에는 무려 90년 전통을 자랑하는
순댓국집이 아직도 장사를 하고 있다.

지 못해 찾아와 붐비고 있다. 밤이면 서울 등으로 출근했던 직장인들이 집에 돌아가기 전 들러 술 한잔 기울이거나 할아버지와 아버지, 손주들이 함께 식사를 하는 모습도 흔히 볼 수 있다.

최근에는 중국과 몽골, 러시아, 베트남 등 다문화 푸드랜드가 형성돼 주말이면 외국인 고객들로 발 디딜 틈이 없다. 특히 매년 순대곱창부터 다문화 푸드까지 한꺼번에 즐길 수 있는 '음식축제'가 열려 전통시장을 찾는 사람들에게 먹는 즐거움을 선물하고 있다.

수선 명소 '역전시장', 최상의 식자재 '매산시장'

2개의 전통시장이 사이좋게 순대곱창 골목을 공유하고 있는 역전시장과 매산시장은 차별화도 확실하게 이루어져 있다. 역전시장은 100여

최고의 식재료만을 고집하는 매산시장.

년 전 매산 양곡 공설시장으로 형성돼 1969년부터 '역전시장'이라는 이름이 붙은 이후 대형 쇼핑몰에서 볼 수 없는 중년층들을 위한 옷들부터 의류, 가방 등에 이르기까지 각종 수선집이 즐비해 값싸게 수선할 수 있다는 장점이 있다. 때문에 이곳은 장롱 속 오래된 양복이나 가방 등을 수선하기 위한 사람들로 여전히 인기를 누리고 있다.

그런가 하면 골목 하나 사이로 위치한 매산시장은 전통적인 먹거리에 다문화 음식까지 구하지 못하는 식재료가 없다. 1953년 시작된 매산시장은 수원역 지하철 1호선 바로 앞에 있는 전통시장으로, 각종 식재료와 생필품을 주로 판매한다. 간판마다 최고의 식자재를 강조하며 저녁 찬거리를 고민하는 사람들의 발길을 멈춰 세운다. 골목마다 늘어선 식료품가게는 점점 늘어나는 외국인 고객들로 인해 해외 각국의 식재료까지 판매하고 있다. 특히 현대화된 시장 시설과 바닥은 한눈에 봐도 청결함을 유지하고 있으며, 여느 현대식 마트 못지않게 이용하기 편리하도록 했다.

2030 메카 '수원역 몰+테마 거리'

수원역 로데오상권의 가장 큰 특징은 소멸돼 가는 전통시장과 인근 상권의 공존에 있다. 전통시장들이 저마다의 특색을 내세워 명맥을 이어오고 있다면, 수원역 몰과 테마 거리는 2030 젊은 세대를 위한 공간이다.

수원역 로데오상권 중 젊은 층들의 '만남의 장소'로 가장 인기가 높은 테마 거리.

옛 역전 지하상가에서 수원역 몰로 이름을 바꾼 뒤, 꽃다발과 휴대폰을 중점적으로 취급하며 손님들을 끌어모았다. 이곳에서는 몇 만 원 하는 꽃다발이 매일 특별가격을 통해 5,000원이면 구입할 수 있다. 젊은 연인들은 이곳에서 꽃을 사고, 테마 거리에서 저녁을 먹는다. 또 220여 개에 달하는 가게들이 위치한 테마 거리에서는 대학생들이 수원역에서 각자 집으로 돌아가기 전 친구들과 모이는 '약속의 장소'로 유명하다.

수원역 로데오상권 중 젊은 세대들이 가장 많이 찾는 곳으로, 바로 옆에 위치한 전통시장과는 또 다른 매력을 보여주고 있다.

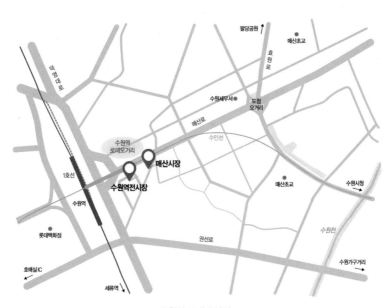

수원역 로데오상권.

스타필드와
견줄 만하다

하남 신장시장

경기도 하남을 대표하는 쇼핑 랜드마크로는 국내 최초 복합문화쇼 핑몰인 스타필드가 손꼽힌다. 하지만 스타필드가 들어서기 전부터 하 남에는 오는 2028년 탄생 100년을 맞게 되는 신장전통시장이 터줏대감 처럼 먼저 자리 잡고 있다. 하남 시청역에서 도보로 5분 거리에 위치한 신장전통시장은 경기도 내에서 오랜 전통을 지닌 장터로 손꼽힌다.

신장전통시장은 일제강점기인 1928년 9월쯤 5일장을 시작으로 하남 지역에 터를 잡게 된 것으로 알려졌다. 당시 광주시 동부면 신장리였던 지역명을 사용해 '신장'이라는 이름을 갖게 됐다. 신장동이라는 지명은 새로 형성된 마을을 부르던 이름에서 유래한 것으로 전해졌다. 새로 난 길을 신작로라 하던 것이 변했다는 설도 있다. 한국전쟁이 끝난 뒤인 1956년 노동상인들이 모여 공영시장인 신장 공설시장을 만들면서 비 소로 시장의 모습을 갖추게 됐다.

입동이 지난 한겨울에 찾은 신장전통시장은 쌀쌀한 날씨에도 장을

73

하남 신장전통시장 입구.

보러 온 손님들로 붐볐다. 깔끔하게 설치된 아케이드와 가지런히 내걸린 간판은 정갈한 느낌을 주고, 그 아래 가게를 지키는 상인들은 오가는 손님들을 반기며 이야기꽃을 피워냈다.

지난 2001년도 9월에 네 개의 상가로 이루어진 시장이 통합되면서 '신장전통시장'으로 자리 잡게 된 이곳은 최근에는 인접한 석바대시장, 장리단길과 함께 하남의 원도심의 중심상권으로 도약을 준비하고 있다. 특히 세대를 아우르는 다양한 볼거리와 즐길 거리를 제공해 시장을 찾는 이들에게 즐거움을 선사하고 있다.

현대화 성공모델…… 변화는 계속된다

현재 철거된 이곳을 중심으로 생겨난 4개의 작은 상가들이 2001년 하나의 연합회를 결성하면서 오늘날 신장전통시장이 탄생하는 등 다양한 변화를 거쳤다. 작은 규모의 시장이지만 채소, 어류, 정육 등 1차 상품부터 식품, 의류 등 다양한 품목의 있을 것은 다 있는 알찬 시장으로 하남 시민들에게 오랜 시간 사랑받는 전통시장이자 상인들의 삶의 터전이다.

하지만 신장시장도 다른 지역의 전통시장과 같이 위기를 맞았다. 2000년 초 시장에서 불과 50미터 떨어진 거리에 대형 마트가 들어섰고 이후 백화점까지 등장했기 때문이다. 2016년에는 백화점과 마트, 아웃렛이 포함된 복합 쇼핑센터까지 입점하면서 소상공인들의 입지가 크게 줄어들었고, 자연스레 시장을 찾는 사람들의 발길이 뜸해졌다. 이에 신장시장 상인회와 상인들, 하남시가 손잡고 고객 유치를 위해 다양한 노력을 기울였다. 2003년부터 시설과 경영의 현대화를 위해 약 30억 원을 투입해 100여 대를 동시에 주차할 수 있는 주차장을 조성했고, 카트대 배치와 함께 시장 내 아케이드를 설치하는 등 다양한 시도가 이어졌다.

석바대시장 우산 거리.

그 결과 2010년 부산 BEXCO에서 개최된 전국 우수시장박람회에서 전국 우수시장에 선정돼 국무총리 상을 수상하는 등 자타공인 전통시장 활성화 성공모델로 인정받게 됐다.

이후로도 신장시장은 계속 진화하고 있다. 석바대시장 상점가 주요 거리에 상권 홍보 및 정보 전달을 위한 LED 전광판을 설치해 상권 및 시정 홍보와 주요 정보 전달을 위한 영상콘텐츠를 송출했다. 이로써 방문고객을 대상으로 효과적인 정보 전달과 시정 홍보 등 두 마리 토끼를 잡는 데 성공했다.

또 상권 온라인 사업을 통한 온라인 판로 확대를 추진해 매출 증진 등 긍정적인 결과로 이어졌다. 시범운영 중임을 감안해도 하루 평균 주문 건수 약 7건(37일간 237건), 약 74%의 재구매율 등 긍정적인 성과를 보여 시장 전체가 동반 성장할 수 있는 발판을 마련하게 됐다. 2021년

간판 개선사업으로 정돈된 신장시장.
하남시 제공

부터는 경기도와 하남시가 지원하는 상권진흥구역 지정 사업에 포함되면서 2024년까지 총 40억 원을 투입해 주민 및 외부 고객의 유입 증대를 위한 여러 사업이 추진되고 있다.

시장 상인회 관계자는 "끊임없는 시도와 연구를 통해 시민들을 위한 전통시장을 만들어 갈 것"이라며 "문화나 행사, 다양한 활동을 통해 신장시장만의 특성을 살리기 위해 노력하겠다"고 말했다.

쾌적하고 편안한 전통시장으로

2020년 경기도 공모사업인 '전통시장 및 상점가 시설 현대화사업'에 선정되면서 시장에는 또 한 차례 변화가 일었다. 이를 통해 2022년에는 신장시장 중심의 기반 조성을 위한 사업을 통해 친환경 증발냉방장치를 설치해 여름철 무더위에 취약한 아케이드 내에서 쾌적한 쇼핑을 즐길 수 있는 환경을 마련했다. 또한 건물 매입과 리모델링 과정을 거쳐 2023년 1월 고객지원센터도 개소했다. 고객센터는 상인들과 시장을 찾는 고객을 위한 공간으로 꾸며졌다. 지하 1층에 마련된 문화센터 및 동아리실은 시민과 상인들의 커뮤니티 문화공간으로 사용되고 있으며, 지상 1층 고객 쉼터에는 의자와 식수대 등이 설치된 휴식공간과 화장실이 생겼다. 지상 2층의 고객안내실을 비롯해 지상 3층에는 어린이 도서방을 조성할 예정이다. 또한 지상 4층에는 공유주방을 설치해 상인들의 상품개발과 레시피 공유공간 및 시민들의 커뮤니티룸으로 활용한다는 계획이다.

이 밖에도 상권진흥구역으로 지정됨에 따라 노후화된 간판 정비 및 LED 조명 등을 활용한 쾌적한 시장 경관도 개선됐다. 간판 개선사업,

석바대시장 골목마켓을 찾은 시민들.
하남시 제공

상권 안내 지주 간판 조성, 점포 매대 환경개선 등의 사업도 병행하는 한편 점포 매대 환경을 개선해 시장을 찾는 이들이 쾌적함을 느낄 수 있는 환경을 조성했다.

남녀노소 아우르는 구도심 중심상권

신장시장은 물론 인접한 석바대시장과 특화거리 장리단길 등을 중심으로 한 특화 프로그램을 선보이면서 시장을 찾는 시민들의 호응을 얻고 있다. 2022년 6월부터 매주 금요일 운영 중인 신장시장 금요 장터는 상권 대표 특화장으로 자리 잡았다. 시장의 모든 점포가 참여해 할인 및 이벤트 상품을 판매하는데, 2023년 4월부터는 전국의 우수 특산품을 신장시장 금요 장터에서 만나볼 수 있는 특판행사도 하고 있다.

시장을 찾는 비율이 높은 여성들과 아이들을 위한 프로그램도 눈길을 끈다. 고객 초청 시장문화체험행사 및 2040 주부고객 초청 문화체험행사를 마련해 꽃꽂이 클래스, 마크라메 클래스, 수제 향수 클래스, 라탄 소품 클래스 등을 열면서 시장과 고객의 친밀도를 높였다.

특히 '우리 아이를 위한 놀이와 배움터, 신장시장!'이라는 주제로 신장시장 2층 다락방갤러리를 활용해 아이들을 위한 놀이와 체험공간을 만들어 마카롱 만들기, 키링 체험 및 에어바운스 놀이터 등을 운영한다. 아이들은 신나는 놀이와 체험을 하고 보호자들에게는 안심하고 편안한 쇼핑시간을 제공해 고객들에게 호평을 받았다.

하남시와 함께 석바대시장 상점가 일대에서 '석바대 골목마켓'과 '장리단길 놀장마켓'을 잇따라 열며 시민들의 이목을 끌었다. 석바대 골목마켓은 2023년 5월부터 매월 마지막 주 토요일, 지역 커뮤니티와 협업으로 상권과 지역 주민이 참여하는 다양한 먹거리, 볼거리, 즐길 거리 요소를 체험할 수 있는 골목마켓 행사로 꾸며져 매회 약 1,500명의 주민 등 시민들이 참여했다.

11월 최초로 선보인 놀장마켓에서는 '놀이와 공연, 즐거운 장터로 신나는 장리단길 놀장마켓' 행사를 통해 500원 꽈배기, 닭갈비 소스 떡볶이, 베트남 반미 샌드위치 등 저렴하고 맛있는 다양한 먹거리를 즐길 수 있었다. 또 7080 라이브밴드 공연부터 아카펠라, 클래식 기타 등 모든 세대가 즐길 수 있는 다채로운 공연과 함께 김장 체험, 친환경 천연 비누 만들기, 키즈 조향 클래스 등 아이들을 위한 다양한 체험 프로그램까지 운영해 약 1,000명의 지역 주민들의 참여 속에 성황리에 마무리됐다. 장리단길 놀장마켓은 분기별 1회씩 총 4회 개최될 예정이다.

하남시 관계자는 "침체된 하남 원도심 신장상권진흥구역 부흥을 위한 기반 조성사업을 통해 시장이 조금씩 활기를 되찾고 있는 것 같다"며 " 스토리텔링 테마길 조성과 상권특화장 및 야시장 기반 조성, 특화 먹거리 골목 기반 구축, 상권정보 안내시스템 구축 등의 사업이 예정돼 있다. 모든 계획이 차질 없이 진행될 수 있도록 최선을 다하겠다"고 말했다.

하남 신장시장.

'와구리'가
손짓하는 저잣거리

구리전통시장

구리전통시장은 경기 남양주·구리 지역의 유일한 전통시장이다. 구리시 수택동 중심상권에 위치해 하루 평균 2만~2만 5,000명이 다녀 간다. 1966년 골목시장 형태로 시작된 구리시장은 50년의 전통을 이어 오고 있다. 2005년 인정시장으로 등록됐으며 3만 3,440㎡ 면적에 농축 수산물, 의류, 잡화, 식품 등 388개 점포에 920여 명이 종사하는 대형 복합시장으로 거듭났다.

쇼핑몰이 잇달아 들어선 1990년대, 전통시장들은 쇠락의 길에 접어 들었지만, 구리전통시장은 이를 피해갈 수 있었다. 2006년 시장 활성화 방안 연구용역 결과를 토대로 지금까지 200억 원을 들여 총 9차례 시설 현대화사업을 진행했다. 도로를 넓히고 주차장을 확충한 데 이어, 햇빛 과 비를 막아주는 지붕 시설인 아케이드를 설치하고, 주차면을 획기적 으로 늘리는 등 시장을 찾는 이들을 위해 끊임없이 변화해 왔다.

저잣거리로 불리는 전통시장부터 명물 곱창 골목, 낭만 청춘 거리,

비 내리는 구리전통시장에 우산을 쓴 방문객과 시장 상인들이 오가고 있다.
경기 구리시 구리전통시장 입구에 비 가림 지붕인 아케이드와
장을 상징하는 캐릭터가 설치돼 있다.

구리전통시장 '저잣거리' 전경.

선술집 포차 거리 등 전통과 함께 청년 감성을 느낄 수 있다.

노약자들을 위한 '장보기 서비스' 인기

구리전통시장 입구와 이어져 있는 전통시장 저잣거리는 구리전통시장의 메인 거리다. 신선식품부터 간편한 먹거리, 잡화, 의류 등 일상 생필품까지 없는 게 없을 정도다. 특히 저잣거리는 골목시장의 모습을 간직하고 있어 옛 시장의 정취도 느낄 수 있다. 여기에 현대화 사업의 진행으로 아케이드 지붕이 씌워졌고, '차 없는 거리' '장보기 서비스' 등의 현대시설과 시스템이 접목돼 한층 편안하고 여유롭게 시장을 즐길 수 있게 됐다.

이 중 장보기 서비스는 구리전통시장 상인회가 운영하고 있는 혁신적인 무료 서비스로 평가받는다. 무거운 짐을 들기 어려운 노인들과 장애인, 시장을 찾기 어려운 이들이 주로 이용한다. 콜센터를 통해 원하는 구매 목록을 알려주고 계좌로 입금하면 장보기 도우미가 대신 장을 봐주고 주차장이나 버스정류장, 시장 인근 거리에서 만나 전해주는 방식이다. 또 서비스를 신청하면 장보기 도우미와 함께 장을 보고 특정 장소까지 운반해 주기도 한다. 이 서비스는 월평균 750건이 이용될 만큼 소비자들에게 높은 호응을 얻고 있다.

구리시장에는 볼거리도 풍부하게 마련돼 있다. 4~5월 매주 월요일부터 금요일까지 저녁 7시부터 시민들의 자발적인 참여로 이뤄지는 버스킹 이벤트 '시장으로 놀러 오라'를 만날 수 있다. 시장 입구 한쪽에 마련된 야외무대에서 펼쳐지는 버스킹 공연은 연령과 장르를 막론하고 모든 시민에게 사랑받고 있다. 코로나19로 잠시 주춤했으나 남녀노소 다양한 세대의 시민들과 두 달간 30여 개의 팀이 자신의 음악을 공유했다.

구리시장은 '상인이 행복한 시장'으로도 불린다. 공연이 가능한 예술 활동을 통해 시장 내 활력을 찾고 상인들의 화합을 도모하기 위해 출발한 상인예술단에서 그 이유를 찾아볼 수 있다. 풍물놀이, 악기연주, 노래 등 기존에 운영돼 온 상인동아리에 구리 상권활성화재단 지원이 더해져 한층 활기가 넘치는 곳이 됐다.

방문객 절반이 청년인 '젊은 시장'

시장에는 명물 곱창 골목부터 낭만 청춘 거리, 선술집 포차 거리 등 10대부터 2030세대의 감성이 가득하다. 특히 1998년부터 이곳에 조성된 '돌다리 곱창 골목'은 구리시 대표 관광지 9경의 한 축을 담당할 만큼 인기가 높다. 저렴한 가격과 전통적인 맛으로 10대부터 장년층에 이르기까지 많은 사랑을 받는 시장의 대표 음식으로 꼽힌다. 곱창집 특유의 노포 감성을 떠올리지 않아도 된다. 환경개선 사업과 점포 혁신사업으로 위생과 맛 두 마리 토끼를 잡았다.

또한 구리전통시장 상인회는 2020년 11월 13일을 '곱창데이'로 지정해 곱창 골목 업소를 이용하는 지역상권 상생 릴레이 행사를 열었으며, 2021년 6월에는 가로 간판 등 환경개선 사업을 완료하며 정비를 끝마쳤다. 여기에 시민참여 프로그램과 공동마케팅 지원, 우수상권 육성 등의 활성화 사업과 더불어 점포혁신대학과 상인리더 육성을 통한 조직 강화 사업으로 명품특화거리로 거듭나기 위한 성장도 현재진행형이다.

경춘선 구리역과 구리전통시장 정류장에서 내려 시장의 입구로 들어서면 제일 먼저 만나게 되는 낭만 청춘 거리도 10대와 20대의 관심을

지난 5월 구리시청 및 구리아트홀 일원에서 열린
'G9(지구) · 구리 2023 MSG(마신는 구리) 축제'에 참여한 시민과 대표 캐릭터 와구리의 모습.
구리 상권활성화재단 제공

끌기에 충분한 요소들이 즐비하다. 각종 커피숍과 팬시 잡화점, 인형 뽑기부터 오락실, 타로점, 즉석사진관까지 다양한 볼거리와 즐길 거리가 마련돼 있다.

청년 세대가 시장을 많이 찾는다는 것은 통계로도 확인할 수 있다. 구리시 상권활성화재단이 2021년 8월부터 2022년 7월까지 구리전통시장 상권 활성화 구역 내 신용 · 체크카드 사용 내역 빅데이터를 분석한 결과, 20~34세 매출액이 39%로 가장 높았다. 청년 나이를 39세까지 넓혀 분석해보면, 방문객의 절반 가까이가 청년들인 셈인데, 이는 다른 전통시장들과 비교해 50% 이상 많은 규모다.

와구리 캐릭터가 접목된 쉼터의 모습.
구리 상권활성화재단 제공

'구상재'와 상인회 합심 "변화는 '항상' 만족도는 '최상'"

　시장이 활성화된 데는 구리시 상권활성화재단과 상인회의 부단한
노력이 숨어있다. 구리시 상권을 대표하는 CI, 캐릭터 '와구리'를 개발
해 온·오프라인 시민투표를 진행하고 이모티콘을 배부해 상인과 시민
에게 상권활성화재단의 상생 이미지를 각인시키는 홍보수단으로 활용
해 높은 호응을 얻고 있다. 와구리는 구도심 상권 경관 조성사업의 공
동디자인으로 사용돼 벤치, 간판, 바닥조명 등 구도심 상권인 전통시장
곳곳에서 쉽게 만나볼 수 있다.

재단은 위기를 기회로 만들고 전통시장에 희망의 활력을 불어넣기 위한 다양한 정책을 통해 다시 찾아오는 분위기 조성에 매진하고 있다. 차곡차곡 쌓아온 경험과 데이터를 토대로 사회적기업 육성정책과 연계해 고령자와 취약계층에 일자리를 만들어 줄 수 있도록 시스템을 구축하고, 전통시장, 대형 쇼핑몰 & 마트가 상생할 수 있는 환경을 구축하는 데 역량을 집중한다.

이 밖에도 상권 특색이 반영된 거점 공간을 조성한 뒤 지역+공동체+문화가 복합적으로 연계된 삶의 터전으로 지역문화 장르로 육성, 발전시켜 세월이 흘러도 자생적으로 살아남을 수 있는 경쟁력 확보에 집중하고 있다.

구리전통시장.

상인회도 시장 활성화에 앞장서고 있다. 2005년부터는 다양한 장르의 문화공연을 선보이는 '거리축제'(연 2회)와 '거리공연'(월 2회)을 개최하고 있으며, 2013년부터 매일 상인 DJ와 시민·다문화 게스트가 함께하는 '보이는 라디오 방송'을 진행하면서 방문객들과 소통의 벽을 낮추는 데 일조해 왔다.

조종덕 상인회장은 "앞으로도 구리전통시장에 많은 변화가 있을 것이다. 스토리텔링을 통한 즐길 거리, 볼거리, 먹거리가 가득한 시장이 될 것이고, 기존 상인들의 의식변화를 이끌어 내서 청년 창업자도 쉽게 일할 수 있는 환경을 위해 계속 힘을 쏟을 계획"이라며, "노후화돼가는 시장을 다시 젊고 역동적으로 움직이는 시장으로 만들기 위해 더욱 노력하겠다"고 다짐했다.

전통시장 현대화의
롤 모델로 변신 중

용인 중앙시장

"용인 중앙시장에서 장사하면서 망해 나가는 사람은 없었다."

용인 중앙시장에서 50년째 정육점을 운영하며, 현재 상인회 회장을 맡고 있는 이순환 씨는 용인 중앙시장의 옛날을 이렇게 회상했다.

경기 용인시 처인구 김량장동에 위치한 용인 중앙시장은 인구 110만에 달하는 용인특례시 내 유일한 전통시장이다. 그렇게 많은 인구가 살고 있는 곳에 유일하게 있는 전통시장이라는 것도 생소하지만, 막상 시장을 직접 찾아보면 큰 규모에 압도당한다. 상설시장 점포만 해도 540여 개, 상인들이 2,100여 명에 달한다.

용인 중앙시장은 지난 1990년대 중반까지만 해도 성남 모란시장과 함께 전국에서 가장 큰 장으로 꼽혔다. 이후 대형 마트 등이 들어서며 다른 전통시장처럼 쇠퇴하기는 마찬가지였지만, 여전히 '만물상'으로 불리는 장터인 만큼 여전히 큰 규모를 유지하고 있다.

매달 5 · 10 · 15 · 20 · 25 · 30일 등 5일장이 서는 날이면 그야말로 상

1990년대 중반까지 전국에서 가장 큰 장으로 꼽혔던 용인 중앙시장.
용인중앙시장 제공(이하 동일)

인과 손님들이 발 디딜 틈도 없이 몰려들어 인산인해를 이룬다. 현대화된 상설시장인 용인 중앙시장과 함께 인근 금학천 변에는 노점상들이 설치한 천막과 파라솔들이 장관이다. "안 와본 사람은 있어도 한 번만 와본 사람은 없다"는 말을 실감할 정도로, 평일에도 6,000여 명에 달하는 시민들이 용인 중앙시장을 이용하고 있다. 여기에 주말이나 5일장이 열리는 날이면 관광객까지 더해져 1만 명이 넘는 사람들이 용인 중앙시장을 찾는다고 하니, "망해 나가는 사람은 없다"는 상인들의 말이 실감나게 느껴진다. 실제로 2023년 9월 1일부터 3일까지 처음 열린 '용인 중앙시장 별빛마당 야시장'의 경우 3일 동안 무려 8만 명이 다녀간 것으로 집계됐다.

250년 역사, 한때 연매출 1조 원의 강자

당초 용인 중앙시장은 오랜 역사를 지니고 있는 장으로 옛날에는 '김량장'으로 불렸는데, 고려 시대에 '김량'이라는 사람이 가장 처음 장을 열어서 그런 이름이 붙었다고 한다. 김량이라는 사람이 양반집 자제였다는 이야기와 고위 관료였다는 이야기가 전설처럼 전해 내려오고 있지만, 실제 어떤 사람이었는지는 아무도 알지 못한다.

용인 중앙시장이 위치한 금학천 일대에 있는 금학교는 옛날부터 '술막다리'라는 이름을 가지고 있었다. 용인시는 조선 시대 영남대로의 주

현대화 된 용인 중앙시장은 365일 손님들로 붐빈다.

요 길목이었고, 금학교 인근은 한양으로 올라가는 과객들이 쉬어가던 곳이었다. 교통의 요지였던 만큼 당연하게 술막다리 인근 도로를 따라 주막촌이 형성됐고, 이것이 '김량장'의 시작이다. 1770년(영조 46년)에 편찬된 『동국문헌비고』 시적고에는 "龍仁 邑內二 金良五 道村一(용인 읍내 2 김량 5 도촌 1)"이라는 내용이 보인다. 문헌상으로만 봐도 김량장의 역사는 최소 250년이 넘는다.

19세기 교통의 요지인 김량장리를 중심으로 상권이 형성되기 시작했고, 1930년 수여선 개통으로 용인역 근처인 김량 장터가 경제와 유통의 거점으로 자리 잡았다. 1960년에 이르러서 '김량장'은 상설시장이 됐고, 1980년대 후반에는 오늘날의 주상복합단지와 비슷한 '청한상가'가 들어서면서 시장상권은 더욱 커졌다. 1995년까지 성남 모란시장과 함께 전국에서 가장 활성화된 전통시장으로 꼽히며 하루 6,000명의 방문객, 1조 원가량의 연매출을 자랑했다.

사흘간 8만여 명 다녀간 첫 야시장 축제

이처럼 용인 중앙시장의 전통과 명성은 얼마 전 열린 '야시장'에서 증명됐다. 용인시와 중앙시장 상인들이 함께 나서 2023년 9월 1일부터 3일까지 전통시장 활성화를 위해 마련한 '용인 중앙시장 별빛마당 야시장'에 무려 8만여 명의 시민들이 다녀갔다. 용인 중앙시장이 젊은 세대에 좀 더 가까이 다가가기 위해 처음 개최한 야시장에서는 바비큐, 떡볶이, 전, 약과, 수제 맥주 등 각종 먹거리와 다양한 수공예 제품 등을 판매하는 장터가 운영됐다. 시민들은 먹을 것을 구매해 시장 노천에 마련된 간이식탁으로 옮겨 담소를 나누며 즐거운 시간을 보냈다. 젊은 세대를 위해 노래, 댄스, 버스킹 등 다양한 공연이 이루어졌으며 전통주 시음회, 떡메치기, 스탬프 투어, 경품 추첨 등 다양한 행사는 그야말로 '대성공'이었다. 이에 따라 용인시는 매년 정기적으로 축제 같은 야시장을 여는 방안을 검토하고 있다.

하지만 무엇보다 용인 중앙시장을 찾는 시민들의 가장 큰 즐거움은 먹거리다. 용인 중앙시장은 순대 골목과 떡·만두

용인 중앙시장 순대골목의 족발.

골목 등 특화된 먹거리 골목이 형성돼 있어 찾는 사람들의 입을 즐겁게 한다. 특히 용인 중앙시장 순대 골목은 용인의 전통음식인 '백암순대'와 함께 60년의 전통을 자랑하는 곳이다.

이곳에는 20여 개 순대·족발가게가 성업 중이며, 잘되는 가게의 경우 하루 200여 명의 손님들로 북적인다. 용인 중앙시장의 순댓국은 매일 싱싱하고 좋은 재료를 활용해 진하게 우려낸 사골국물 맛이 일품이다.

전통과 스마트 접목한 다양한 사업 추진

손님들이 많이 찾고는 있지만, 상인들이 기억하는 옛날의 명성에는 못 미친다. 그래서 선택한 것이 무료배송 서비스와 주말장터이다. 용인 중앙시장은 시민들의 편리한 장보기를 돕기 위해 무료배송 서비스를

시작했다. 서비스를 이용하려면 우선 용인 중앙시장 상인회원으로 등록된 점포에서 물품을 구매한 뒤 용인 중앙시장 제2공영주차장 1층에 위치한 배송센터에서 접수카드를 작성하면 된다. 물건을 구입한 뒤 각 점포에 맡겨두는 것도 가능하다.

이와 더불어 꼭 5일장이 아니더라도 주말마다 열리는 주말장터에서 5일장 못지않은 식재료와 먹거리를 구매할 수 있다. 특히 전국 5일장을 찾아 떠돌아다니는 상인들에 비해, 매주 열리는 주말장터는 상인회 관리 속에 정기적이고 안정적으로 운영되고 있다.

용인 중앙시장을 찾는 손님들에게 가장 인기가 높은 순대 골목.

시장 상인들이 먼저 변화를 선택하며 전통시장 활성화에 나서고 있지만, 그것만으로는 부족한 실정이다. 하루 6,000명의 방문객, 1조 원 가량의 연매출을 자랑하던 용인 중앙시장은 용인시청의 이전, 수지 · 기흥구 중심의 신규 택지공급에 따른 인구유출과 상권 이전으로 급격하게 쇠퇴했다. 용인 중앙시장 발전의 상징이었던 '청한상가' 공실률도 높아졌다. 협소한 주차장과 부족한 고객편의시설, 레저 · 휴식 공간의 부족, 상품 다양성 부족으로 인한 구매 선택 폭 제한 등으로 용인 중앙시장을 찾는 사람들의 발길은 줄어들고, 젊음의 열기도 서서히 식어가고 있다.

이에 따라 용인시는 용인 중앙시장의 재건을 위해 국토교통부 '도시재생사업 공모'에 참여, 재수 끝에 선정됐다. 특히 용인시는 민선 7기 공모에서 탈락했던 경험을 토대로 민선 8기에는 중앙동의 중심기능 회복, 재래상권 문화콘텐츠 개발, 김량장길 명소화 추진 등 전통시장의 명맥을 유지하면서도 신 · 구 세대가 어우러지는 공간을 만들고, 이 공간에 볼거리와 즐길 거리를 풍성하게 만들겠다는 계획을 세웠다. 이른바 '휴먼 김량장, 변혁의 장을 열다' 전통과 스마트 어울림 프로젝트가 그것이다. 이를 평가한 국토부는 2022년 12월 용인시가 제출한 프로젝트를 심사, 용인 중앙시장 일대 20만 467㎡를 지역특화 · 스마트 재생 사업지로 결정했다.

이에 따라 용인시는 국비 155억 원, 도비 31억 원을 지원받아 오는 2026년까지 4년간 652억 5,000만 원을 투입해 프로젝트를 진행한다. 보행 특화거리와 수변 데크를 조성해 걷기 좋은 환경을 만들고 포토존, 낙하 분수 등 다채로운 볼거리를 제공해 머물고 싶은 공간, 매력적인 공간으로 명소화를 추진한다. 이용객들의 편의를 위해 시장 안에 전기차 충전스테이션을 구축하고, 5G 기반 공공 와이파이, 전기화재 사전예방 지능형 에너지 관리, 스마트 가로등, 범죄예방 로고젝터 등의 스마트·ICT 기술을 접목해 더욱 편리하고 안전한 쇼핑 환경을 제공할 계획이다.

이상일 용인시장은 "용인시의 산 역사이기도 한 용인 중앙시장을 보다 많은 사람들이 즐겨 찾고, 주변의 골목골목에 활력과 웃음이 넘쳐날 수 있도록 매력적인 콘텐츠가 가득한 도시재생사업을 실시하겠다"며 "전국에서 롤 모델이 될 수 있는 전통시장 재생사업을 선보이겠다"고 다짐했다.

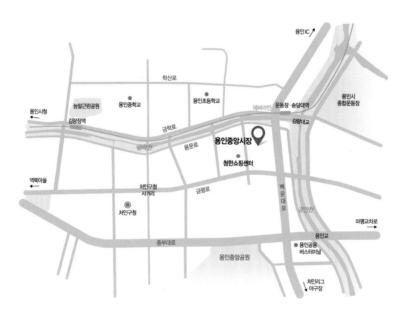

용인 중앙시장.

'경성 월스트리트' 남대문로

장터와 함께 한 은행들

신용카드가 보편화되기 전까지 은행직원들은 전통시장에 출장을 자주 나왔다. 동전을 지폐로 바꿔주는 기계인 일명 '동전 수레'를 구석구석 끌고 다녔다. 동전 교환 기계(동전 카트)는 손수레에 실어서 은행원들이 시장을 순회했다. 상점 곳곳을 방문하면서 상인들에게 동전을 바꿔줬다. 은행의 현장 출장은 일종의 고객관리를 위한 은행의 출장서비스였던 셈이다.

현금 사용이 줄면서 근래에는 전통시장 출장과 동전 카트가 사라졌지만 은행과 상인들은 여전히 깊은 인연을 유지하고 있다. 역대 정부들이 소상공인 살리기 정책을 이어가는 것에 은행들도 적극 동참해왔다. 대형 은행들은 최근까지도 '풀뿌리 경제'의 근간이 되는 소상공인과 자영업자들에게 실질적인 도움이 될 수 있도록 상생 금융을 챙기고 있다.

전통시장과 은행의 깊은 인연은 그 기원이 수백 년을 거슬러 올라간다. 중공업 발달 이전까지 상공업의 중심지였던 시장 인근에서 화폐경

남대문로 일대에 대한천일은행 광통관, 한성은행 본점, 한일은행 본점(오른쪽부터) 등이
줄지어 있다. 이들 은행은 각각 1909년, 1912년, 1921년에 차례대로 들어섰다.
서울역사박물관 제공

제의 시초를 이루는 경제활동이 활발하게 이뤄졌다. 그 유례는 우리나라 대표 전통시장인 남대문시장과 조선의 국영상점이 들어선 육의전 터 인근에서도 찾아볼 수 있다.

남대문시장은 지난 1414년 '정부임대전'을 개시한 것이 시초가 된 것으로 전해진다. 이후 지난 1911년 '조선농업주식회사' 설립을 계기로 지금의 시장이 개장됐다. 숭례문 옆 남대문시장 입구에 가보면 선혜청이 있던 자리라는 표지판이 있다. 선혜청은 대동법을 시행하면서 신설한 관청이다. 대동법은 민초들의 삶을 찌들게 했던 공납제도를 개편해 쌀로 세금을 낼 수 있도록 한 제도다. 특산품을 세금으로 내게 한 조선 초기 공납제는 폐단이 많았다. 관리와 상인들이 백성들이 납부할 공납을 대신 바치고, 백성들에게 원금의 몇 배로 받아냈다. 이자 부담을 견

디지 못한 자작농들이 소작농으로 몰락하는 일이 많았다. 선혜청의 설립은 민초들에게 희망이 됐다.

선혜청은 점차 커져서 북쪽 창고인 '북창'과 남쪽 창고인 '남창'을 뒀다. 이는 현재 북창동과 남창동의 기원이 됐다. 선혜청은 법정화폐인 상평통보를 발행했던 상평청과도 인연이 깊다. 조선 후기에 이르러 선혜청의 소속 기관으로 상평청을 뒀다. 조선 시대 상평청의 기원은 고려 시대 성종 때 설립된 이름이 비슷한 상평창이다. 상평창은 일종의 물가 조절기관으로 현대의 한국은행과 같은 역할을 했다. 상평창은 흉년이 들면 곡식을 풀고 풍년이 들면 곡물을 사들였다.

남대문로는 '경성의 월스트리트'

남대문시장에서 몇 분 거리에 우리나라를 대표하는 은행과 투자사들이 대거 밀집해 있다. 신한은행, 우리은행, 하나은행의 본점이 남대문시장을 중심으로 둘러싸고 있다.

또한 종각으로 이어지는 남대문로 1가 일대는 이미 1900년대에 금융 1번지로 불렸다. 대한천일은행, 한성은행, 조선식산은행, 조선저축은행, 조선은행 등이 주변에 들어섰다. 소위 '경성의 월스트리트'였던 셈이다. 종각 인근은 조선 시대부터 시전행랑, 육의전 등 한양을 대표하던 전통적인 시장들이 들어서 전국

은행원들이 전통시장 출장 등에 사용했던 동전 카트.

지난 1963년 화재로 전소된 한성은행 본점을 재건한 한국 금융사박물관.

상인들이 몰려드는 대표적인 상거래 중심지였다. 수십 분 거리에 우리나라 근대 은행의 시초가 되는 우리은행과 조흥은행(현 신한은행)의 첫 지점도 위치하고 있다. 1897년 설립된 한성은행은 우리나라 상업은행의 효시로 평가된다. 지난 1943년 설립된 조흥은행의 전신이다. 이후 신한은행과 통합됐다.

구한말에 활동하던 상인들은 외세 자본에 대응하기 위해 민족은행 설립을 주도했다. 서울과 개성의 유력한 상인들과 관료들은 고종 황제의 황실 자금 지원을 받아 1899년 '하늘 아래 첫째가는 은행'이라는 뜻을 가진 대한천일은행(현 우리은행)을 창립했다. 대한천일은행은 일반 은행의 역할과 함께 국가의 자금을 관리하는 중앙은행의 역할도 담당했다. 일본의 경제적 침략으로부터 우리 자본을 굳건히 지키기 위해 노력했다.

이후 1909년 우리나라 최초 근대식 은행 본점인 광통관은 종로에 신축됐다. 광통관은 광복 이후에는 한국상업은행 종로지점, 한빛은행 종로지점을 거쳐 현재는 우리은행 종로금융센터로 활용되고 있다. 인근 청계천에 광통교라는 다리가 있어 광통관이라는 이름이 붙었다. 115년이 지났지만 여전히 고풍스런 옛 건물에서 은행 업무를 보고 있다.

우리은행이 전국에 둔 100년 이상 된 지점들은 유명 전통시장과 상가 옆에 위치한 경우가 많다. 100년이 넘은 우리은행 인천지점은 신포국제시장과 맞대고 있다. 우리은행 인천지점은 대한천일은행 시절인 1899년 5월 10일에 인천광역시 중구 신포동 부근에서 영업을 시작해 현재까지 명맥을 이어오고 있다.

남대문로는 서울 무교동, 소공동, 청계천, 명동까지 연결된다. 이 지역은 돈이 몰리는 구역이었다. 남대문시장 인근의 명동은 소위 '큰손'들이 많이 모이는 곳이었다. 남대문시장에서 도보로 몇 분 거리인 명동은 조선 말기부터 본격적인 현대식 금융 거리로 변화하기 시작했다. 1922년 주식거래소 격인 경성 현물취인소가 명동에 처음 들어선 이래 1970, 1980년대 은행, 증권들이 대거 몰렸다. 명동 사채시장은 1970년대까지 기업들의 제2 자금조달처로 활용될 정도로 위력이 대단했다.

증권사와 어음할인업자, 사채업자들이 몰리면서 한때 한국의 월스트리트라는 별칭으로 불리기도 했다. 그러나 1979년 여의도에 증권거래소가 들어서면서 증권사들이 점차 여의도로 이동하면서 쇠락기에 돌입했다. 또한 1980년대 일명 '명동 사채왕'들이 빠져나가고 1990년대 금융실명제가 도입되면서 크게 위축했다. 2000년대 이후 증권사들이 '탈여의도'를 시행하며 미래에셋증권, 대신증권이 남대문 인근 을지로 일대에 본사를 두면서 옛 명성을 일부 회복했다.

옛 중간상인들의 금융업무 활발

은행들이 활성화되기 전까지 전통적 금융거래는 주로 계모임, 객주, 보부상, 전당포 등을 통해 이루어졌다. 금융거래 수단은 환, 어음 등이 있었으며, 거래상황을 기록하는 문서와 장부 체계를 갖고 있었다. 객주와 여각은 상인들이 모여드는 도시와 항구, 포구 등에서 상인 간의 물품거래를 하도록 해주거나 물건을 대신 팔아주고 수수료를 받는 중간상인이었다. 조선 후기 상업 발달과 함께 성장했다. 객주는 위탁판매를 하면서 숙박, 운송, 창고업 등과 같은 업무를 함께 했다. 돈을 맡기거나 빌려주는 일, 환이나 어음의 발행과 인수 같은 금융업무를 맡아 현대의 일반은행과 비슷한 역할을 하기도 했다.

보부상도 이 같은 상거래와 금융거래를 촉진하는 역할을 했다. 또한 시장 주변에서 성행했던 전당포는 고려 시대 중엽부터 전당국 또는 전포라는 이름으로 불리며 시작됐다. 조선 시대부터 전당포로 불리며 성업했다.

조선 후기에는 큰 규모의 돈거래나 장거리 거래가 이뤄지는 일이 많아졌으나 주요 지불수단이었던 동전은 부피와 무게의 제약으로 사용이

남대문시장 건너편에 위치한 한국은행.

적합하지 않았다. 따라서 동전을 대체할 지불수단인 환이나 어음과 같은 신용화폐가 더욱 활성화됐다. 환은 발행과 지불장소가 달랐던 반면, 어음은 동일인에 의한 발행과 지불이라는 차이가 있을 뿐 일정한 금액의 지불을 약속하는 유가증권이라는 기본 성격은 거의 유사했다. 신용에 기초해 화폐와 비슷하게 유통된 환과 어음은 근대적 형태의 금융기관이 등장하기 이전 신용화폐로 큰 기능을 했다.

소상공인과 '상생의 길' 찾는 은행들

현대의 대형 은행들은 소상공인과 자영업자들에게 최대 수천억 원의 금융 지원 외에도 다양한 혜택을 직접 챙기고 있다. 고물가, 고금리를 어렵게 극복하고 있는 자영업자들을 지원하기 위한 것이다. 서민금

융상품의 금리 인하, 소상공인을 위한 특별 출연 및 신상품 출시를 비롯해 이들을 위한 맞춤형 경영 컨설팅 확대 등 다양한 비금융적 지원을 함께 모색하고 있다.

주요 은행장들은 지난 2023년에 전통시장을 찾아 소상공인들의 요청 사항을 직접 들었다. 조병규 우리은행장은 서울 남대문시장상인회와 광장시장 인근 우리 소상공인 종합지원센터를 잇따라 방문해 소상공인들의 요청을 경청하고 은행 지원 방안에 대해 모색하는 시간을 가졌다.

우리은행은 이후 남대문시장 상인회와 '상생경영 및 동반성장을 위한 협약'을 체결하고 스마트 결제기기 지원을 통해 남대문시장 스마트 결제 인프라 구축을 지원하기로 했다. 또한 우리은행은 본점 주차장뿐

대한천일은행의 종로지점이었던 광통관은 우리은행 종로지점으로 여전히 운영 중이다.

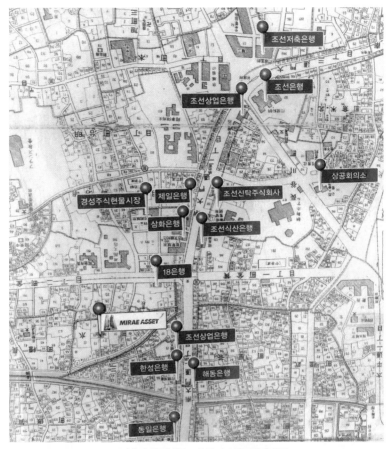

1900년대 초반 남대문로에 줄지어 들어선 은행들.
현재 미래에셋증권 본사가 들어섰다.

만 아니라 동대문시장, 통인시장 등 전통시장 인근 21개 우리은행 지점 주차장도 주말 개방하는 방안을 검토하기로 했다.

이승열 하나은행장도 하나금융그룹 임직원들과 함께 서울 종로구 소재 광장시장을 직접 찾아 현장의 소상공인들과 소통하며 실질적인 도움을 약속했다. 진옥동 신한금융그룹 회장은 상생금융 선언에만 그

치지 말고 진행 현황을 수시로 확인하라고 은행직원들에게 당부했다. 또한 영업현장에서 소상공인의 목소리를 듣고 보완사항을 지속적으로 개선하기로 했다.

이재근 KB국민은행장은 소상공인 지원에 기여한 공로로 '중소벤처기업 금융지원상'에서 은탑산업훈장을 수상하기도 했다. 코로나19 피해기업과 고금리로 어려움을 겪는 자영업자·소상공인을 지원해 금융애로 해소에 도움을 준 공로를 인정받았다.

경성의 월스트리트 '남대문로'.

Part 2

강원·충청권

"해장에는 삼숙이탕이
제대로래요"

강릉 중앙시장

　강릉을 대표하는 여인을 두 명 꼽으라면 신사임당과 연화 부인이 거론된다. 신사임당은 전 국민에게 익숙하지만 연화 부인의 이야기는 다소 생소하다.

　시대를 거슬러 올라가 아주 오래전 일이다. 신라 경주에서 벼슬하던 무월랑이 강릉에 부임했다가 잉어에게 먹이를 주던 연화에게 반해서 사랑을 키웠다. 그런데 무월랑에게 경주로 복귀하라는 명이 떨어져서 헤어진 뒤 안타깝게 소식이 끊기게 된다. 연화의 속사정을 모르는 집안은 다른 가문과 혼인을 추진한다. 연화는 슬픈 마음에 무월랑을 향한 글을 천에 써서 못에 던졌다. 그런데 연화가 키우던 잉어가 뛰어올라 천을 삼켰다. 그 뒤로 잉어는 무월랑에게 연화의 편지를 전하기 위해 경주로 향하다가 어부의 그물에 걸리게 된다. 마침 어머니에게 드릴 잉어를 사러 간 무월랑에게 이 잉어가 팔리게 되고 잉어의 배를 가르니 연화의 편지가 나오게 된다. 편지를 읽은 무월랑은 곧장 강릉으로 향해 연화의 부모를 만나 사연을 알리고 혼인 허락을 받았다는 이야기다.

오늘날 강릉 중앙시장을 찾으면 연화의 잉어는 아니지만 또 다른 흥미로운 물고기를 만나게 된다. 해장에 좋다는 삼숙이다. 강원도에선 "해장에는 삼숙이탕이 제대로래요"라는 말이 흔하다. 강릉에서 삼숙이로 불리는 이 물고기는 지역에 따라 삼식이, 탱수, 멍텅구리 등으로도 불린다. 쏨뱅이목에 속하는 이 물고기는 머리가 납작하고 눈이 크며 등지느러미가 가시처럼 삐죽삐죽 솟아 있는 못생긴 모습을 해서 쓸모없는 물고기였다. '삼식이 같다'라는 말이 여기에서 비롯됐다.

예전에는 어부나 서민들이 고된 하루를 보내고 난 후 쓴 소주에 곁들이는 소박한 안주에 불과했지만, 이제는 MZ세대들도 동해안 여행을 와서 찾을 정도로 인기 만점의 매운탕 재료가 됐다. 설화 속 연화의 잉어가 의도치 않게 애절한 사랑의 연결다리가 된 것처럼 외면을 받던 삼숙이도 많은 이들의 사랑을 받고 있다.

강릉 중앙시장 해성식당의 삼숙이 매운탕.

삼숙이탕을 즐기기 위해 7월 무더위가 한창인 와중에 강릉 중앙시장을 찾았다. 가장 먼저 찾은 곳이 중앙시장 2층에 있는 해성식당(간판은 해성횟집이지만 회는 팔지 않는다)이다. 지난 2016년 백종원의 3대 천왕으로 유명세를 얻었다고 알려졌지만 사실은 그 이전부터 현지인들에게는 맛집으로 소문나 있었다. 오랜만에 먹은 삼숙이탕은 "그래 이게 해장이지"라고 외칠 정도로 강력한 추억의 맛을 소환해냈다. 고추장 베이스의 칼칼하고 얼큰하고 깊은 맛이 일품이다. 다른 전통시장을 뒤로하고 강릉 중앙시장을 먼저 찾을 만한 이유가 충분하다.

강릉 관광의 핫 플레이스로 변신 성공

전통시장 하면 허름한 건물과 정리되지 않은 환경, 젊은 사람들이 잘 찾지 않는 공간이라는 인식이 많다. 그럼에도 전통시장에는 전통과 인심, 추억이 녹아 있다. 서민들의 애환이 남아 있고 생존을 위해 일하는 일터이기도 하다. 4차 산업혁명 시대 AI 로봇과 챗GPT가 일상을 파고들어도 여전히 전통시장은 우리가 이용하고 찾아야 하는 공간이다. 물론 빠른 시대 변화에 맞춰 전통은 지키되 시장 내부로부터의 혁신은 반드시 필요하다. 그래야만 외면받지 않고 대중들의 발길이 이어질 수 있고 일터로서의 존재감도 유지할 수 있기 때문이다.

보통의 전통시장과는 달리 전통은 살리고 혁신을 거듭하여 관광객들이 꼭 들러야 할 핫 플레이스로 떠오르고 있는 시장이 바로 강릉 중앙시장이다. 생선을 파는 어시장에 더해 장칼국수, 순댓국, 소머리국밥 등 전통 음식은 물론 MZ세대와 외국인들도 자주 찾는 김치말이 삼겹살, 어묵 크로켓, 닭강정, 커피빵 등 다양한 신메뉴가 속속 등장하고 있

동해안을 대표하는 강릉 중앙시장.
지하에는 어시장이 들어섰고 1층은 공산품 매장과 분식류 식당,
2층은 삼숙이탕 등을 파는 식당들이 영업을 하고 있다.

다. 여기에 야경이 예쁜 월화거리까지 조성돼 강릉 관광에서 빼놓을 수
없는 명소로 자리 잡았다.

MZ세대도 반한 맛집 천국

강릉은 예부터 동해안을 대표하는 도시로 농산물과 수산물, 임산물
등이 풍부했고 태백산맥 너머의 영서 지역과 교역을 해오면서 전통시
장도 자연스럽게 발달했다.

강릉 시내 정중앙에 위치한 중앙시장은 일제강점기 이전부터 상설

시장으로 자리매김했으며 전통시장으로 등록된 것은 1980년이다. 당시 2층 규모의 건물에는 320여 개의 점포가 입점해 있었으며 시장 주변에는 금융권과 고층 빌딩, 대학로 등 상권이 활성화돼 있다. 이곳에서는 식품, 의류, 잡화, 수산물, 농특산물 등 다양한 제품을 구매할 수 있다. 봄에는 두릅, 곰취, 곤드레 등 각종 산나물을, 여름에는 옥수수와 감자, 가을에는 송이 등이 장터 매대를 가득 메운다. 특히 시장 지하에는 어시장이 형성돼 있어 영동지역에서 어획되는 각종 수산물과 신선한 회, 젓갈 등을 구매할 수 있다. 1층에는 제수용품과 포목, 주단, 건어물 등을 판매하는 상가와 튀김, 닭강정, 순대 등을 파는 분식점들이 있고 2층에는 삼숙이탕, 알탕 등 얼큰하고 푸짐한 찌개류를 파는 식당들이 있다. 바닷가 어판장에서 들여오는 신선한 식재료를 사용해 건강하면서 맛있는 음식을 저렴한 가격에 즐길 수 있어 지역 주민뿐 아니라 외지인들도 많이 찾는 시장이다.

중앙시장 건물을 둘러싼 주변 노점들은 2009년 비가림막 시설을 하고 '성남시장'이라는 이름으로 영업을 하기 시작했고 중앙시장 맞은편 영동선 철길 아래에 예부터 있던 작은 노점들 또한 비가림막 시설을 하고 먹자골목으로 변신했다.

이곳은 전통음식뿐만 아니라 최근에 개발된 신메뉴들이 전국적으로 인기를 끌면서 먹방 유튜버들이 즐겨 찾는 순례지로 떠오르고 있다. 국내 여행객뿐만 아니라 외국인들에게도 가장 인기 있는 메뉴는 김치말이 삼겹살이다. 중앙시장 간판을 끼고 골목을 한참 들어가다 보면 관광객들이 한군데 몰려 있는 삼거리가 나오는데 이곳에 '월화 김치말이 삼겹살' 가게가 있다.

젊은 사장님 둘이 운영하는데 매번 길게 늘어선 줄이 유명 맛집이라는 것을 단번에 알 수 있게 한다. 김치말이 삼겹살은 삼겹살 안에 김치, 치즈, 양파, 당근, 깻잎을 넣고 말아서 철판에서 구워낸 다음 소스를 뿌린 음식으로 삼겹살 위에 바비큐 소스, 칠리 소스, 와사비 마요네즈 등을 곁들여 내놓는다. 공중파나 먹방 유튜버들에게 소개되면서 외국인들도 강릉을 방문하면 빠지지 않고 들르는 유명 맛집으로 등극했다.

호떡집들도 불티가 나는 것은 마찬가지다. 중앙시장 초입부터 안쪽까지 모자 호떡, 웅스 호떡 등이 있는데 말 그대로 장사진을 이룬다. 닭강정집도 빼놓을 수 없는 맛집들이다. 1980년대 강릉 중앙시장은 동해안 대표 전통시장이라는 말이 무색하게 닭집들이 과장해서 한 집 건너 하나 있을 정도로 많았다고 한다. 닭집이 많았던 이유는 주머니 사정이 빠듯한 대학생과 서민들이 횟집 대신 중앙시장 입구 통닭집을 찾아 소주잔을 기울였기 때문이란다.

대학생과 서민들의 도움을 많이 받은 또 다른 곳은 소머리국밥집이다. 중앙시장 안쪽에 위치한 광덕식당은 75년 된 중앙시장 터줏대감이다. TV 프로그램 '서민갑부'에도 출연한 백석연 광덕식당 2대 대표(74)는 "옛날에는 한 끼가 중요했지만 이제는 맛과 영양, 건강 측면에서 평가를 많이 한다. 옛날에는 국밥이 서민 음식이었는데 지금은 맛으로 결정짓는 시대인 것 같다. 맛도 있어야 하고 청결하고 친절해야 한다. 이런 것들을 갖췄기 때문에 손님들이 많이 찾는 것 같다"고 인기 비결을 귀띔했다. 이 밖에도 수제 어묵 크로켓, 오징어순대, 육쪽마늘빵, 칼국수, 중화짬뽕빵, 튀김 등이 젊은 층 입맛을 사로잡고 있다.

강릉 중앙시장과 인접한 월화거리에서 버스킹 공연이 열리고 있다.
강릉시 제공

인근 월화거리에선 다양한 문화행사

강릉 중앙시장이 MZ세대들에게 인기를 얻고 있는 이유는 맛집이 많다는 점도 있지만 중앙시장 인근에 문화행사가 자주 열리는 월화거리가 조성된 덕도 크다. 월화거리는 운행이 중단된 철도 길을 따라서 조성된 도심 공원으로 강릉 고유의 설화이자 춘향전의 모티브가 된 '무월랑과 연화'의 이름에서 한 자씩을 따서 '월화거리'라고 이름을 지었다.

강릉역에서 중앙시장을 지나 부흥 마을에 이르는 2.6킬로미터 구간에 거리 공원으로 조성된 월화거리에는 말 나눔터 공원, 임당 광장, 역사문화 광장 등의 공간이 있는데 이곳에서 주말마다 무대 공연과 거리 퍼포먼스, 야외공연 등 각종 문화행사가 펼쳐진다. 또 가로수길을 산책할 수 있고 인접한 상상마당, 강릉 역사박물관, 강릉미술관 등에서 다양한 문화를 즐길 수 있다.

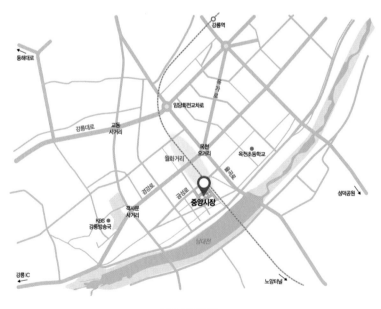

강릉 중앙시장.

연간 500만 명이 찾는
'전국구 시장'

속초 관광수산시장

"바다요. 바다가 보고 싶어요. 쪽빛 속초 바다요."

시한부 선고를 받은 영화감독이 죽기 전 마지막으로 가장 하고 싶은 게 뭐냐는 질문에 서슴없이 내뱉은 말이다. 동해와 서해, 남해를 따라 자생한 수많은 도시 가운데 속초를 동경(憧憬)의 도시로 가장 먼저 꼽은 이유는 뭘까.

속초는 강원특별자치도 18개 시군 중에서도 결이 다른 도시 중 한 곳이다. 대부분의 도시들은 수백 년간 쌓인 흔적들을 쉽게 볼 수 있지만 속초는 도시가 비교적 근래에 형성되면서 사뭇 다른 분위기가 연출된다. 장엄한 설악산을 한눈에 담을 수 있으면서도 뒤돌아서면 금세 동해 쪽빛 바다에 발을 담글 수 있는 도시다. 그래서인지 속초는 서울 중심의 산업화 시대 국내에서 몇 안 되는 이국적이면서 동경하는 여행지로 각인된 것 같다.

관광도시답게 속초에는 관광객들을 맞이하는 유명한 전통시장이 있다. 속초 관광수산시장이다. 시장 이름에 '관광'이란 말이 들어갈 정도로 관광 콘텐츠에 특화돼 있다. 바닷가 도시답게 수산물이 주를 이루지만 요즘은 핫한 먹거리 아이템도 많다. 어르신들부터 MZ세대까지 모두 좋아할 수밖에 없는 시장으로, 매일 북새통을 이루는 곳이다.

속초 관광수산시장이 처음부터 전국구 시장으로 이름을 알린 것은 아니다. 2000년대까지만 해도 고사 위기까지 처했던 속초 관광수산시장이 지금처럼 번성할 수 있었던 이유는 하드웨어와 소프트웨어를 모두 교체한 덕분이다. 수백억 원을 들여 시설 개보수에 나섰고 현대식

속초 관광수산시장은 시설 현대화 사업과 상인들의 노력으로
전국 최고의 전통시장으로 발돋움했다.

주차장을 갖췄으며 다양한 먹거리와 젊은 세대 상인들이 뛰어들면서 연간 500만 명 넘는 관광객이 찾는 전통시장으로 발전했다.

수산물 거래하던 어판장에서 관광 명소로

속초 관광수산시장은 속초시 형성과도 궤를 같이한다. 다른 도시의 전통시장과는 달리 한국전쟁이 끝난 후 형성된 시장으로 역사가 깊지는 않다. 한국전쟁이 끝난 후 한반도 허리가 잘렸고 강원도 고성군 현내면 명호리에 휴전선이 그어지면서 북쪽에서 전쟁을 피해 내려왔던 피란민들이 더 이상 올라가지 못하고 속초에 보따리를 풀었다. 이후 실향민들이 대거 정착하면서 인구가 갑자기 늘었고 1963년 양양군 속초읍이 속초시로 독립했다.

전쟁이 끝난 직후인 1955년 속초의 인구는 2만 8,000명에 머물렀으나 실향민들이 계속 몰리면서 1963년 속초시 승격 당시 인구가 5만여 명으로 크게 늘었다. 하지만 속초시 면적은 105㎢로 작은 데다 서쪽으로는 설악산을 끼고 산악지형이 많아 바닷가를 중심으로 인구가 밀집될 수밖에 없었고 시장도 자연스럽게 생겼다.

당시 속초시의 주요 산업은 수산업이었는데 명태와 오징어 어획고가 전국에서 1~2위를 다툴 정도로 융성했고 풍어기 생선시장인 파시의 영동지역 중심지였다. 그리고 어판장이 있던 중앙동에 큰 상권이 만들어지면서 속초 관광수산시장의 전신인 속초중앙시장이 형성됐고 전국적인 수산물과 건어물 시장으로 자리를 잡았다.

속초중앙시장이 속초 관광수산시장으로 거듭나기까지 세 번의 도약이 있었기에 가능했다. 우선 처음으로 전국적으로 이름을 알린 건 1976년쯤

속초 관광수산시장 전신인
속초 중앙시장의 옛 모습.
속초시 제공

이다. 이전에도 명태와 오징어 등이 많이 잡히면서 호황을 누렸는데 설악산 관광이 활기를 띠면서 10여 곳에 불과하던 점포가 60여 개로 늘어났다. 이후 속초 하면 오징어를 대표하는 전통시장으로 성장했다.

두 번째 도약은 1988년 오래된 재래시장이었던 중앙시장에 현재의 상가건물을 신축하면서다. 상가 신축건물 1층과 2층에는 모두 505개의 점포가 들어섰으며 이후 주변을 포함해 점포 수만 1,500개에 달하는 대형 전통시장으로 명성을 쌓았다. 하지만 이후 다른 전통시장처럼 점차 쇠퇴해가던 속초중앙시장은 2006년 이름을 속초 관광수산시장으로 바꾸고 시장 활성화·현대화 사업을 진행하면서 전국에서 손에 꼽힐 정도로 유명한 전통시장으로 성장했다. 2010년까지 진행된 현대화 사업의 가장 큰 핵심은 밀려드는 관광객을 수용할 수 있는 9,420㎡ 규모의 대형 주차장을 조성하는 것이었다. 그 덕분에 지금도 주말이면 관광객이 몰려들지만 주차 걱정을 크게 하지 않아도 된다.

속초시는 관광객들이 만족할 수 있도록 관광수산시장만의 색을 입히고 콘텐츠를 개발하기 시작했다. 전국에서 처음으로 시청 조직에 과

단위 전담조직을 신설, 공무원 5명을 전통시장 업무에 배치했고 상인들을 대상으로 의식 전환과 경영 마인드 교육을 실시했다. 상인들도 자발적으로 활성화 사업에 참여했으며 아바이순대, 닭강정, 씨앗호떡 등 관광객들을 위한 다양하고 새로운 음식을 개발해 내놓자 관광객들이 폭발적으로 늘기 시작했다. 2009년 서울양양고속도로 개통도 속초 관광수산시장의 르네상스 시대를 여는 데 한몫을 했으며 2011년에는 '여행하기 좋은 전통시장 10선'에 선정되기도 했다.

닭강정에 오징어순대, 물곰탕······먹는 재미 쏠쏠

속초 관광수산시장 하면 빼놓을 수 없는 것이 먹거리다. 전통시장마다 다양한 상품을 팔지만 속초 관광수산시장은 먹거리로 시작해서 먹거리로 끝난다고 할 정도로 특화돼 있다. 이곳을 여행하려면 우선 골목별 업소 정보를 꿰고 있어야 한다. 왜냐하면 골목이 하도 많아 길을 잃기 십상인 데다 정작 맛있는 먹거리를 놓칠 수 있기 때문이다.

골목은 크게 시장상가 지하 1층과 지상 1층, 지상 2층, 수산물 젓갈 골목, 닭전 골목, 청과 골목, 고추 골목, 순대 골목, 빛의 거리 등으로 나눌 수 있다. 시장상가 지하 1층은 수산물 시장과 횟집으로 특화돼 있고 시장상가 지상 2층은 의류와 일부 식당들이 들어서 있다. 시장상가 1층은 정육부터 기름, 포목, 건어물, 의류, 분식 등 40여 개 점포가 다닥다닥 붙어있다.

닭전 골목에는 닭집 20여 곳이 들어서 있는데 이곳에서 그 유명한 만석닭강정, 중앙닭강정, 인삼닭강정, 북청닭강정 등이 탄생했다. 속초 관광수산시장 주차장에서 시장으로 들어가다 보면 손에 닭강정 박스를 안 들고 나오는 관광객을 보기 힘들 정도며 닭강정 집은 항상 줄을 길게 서는 것이 일상화되다시피 했다. 속초 닭강정이 유명해진 이유는 닭강정은 식어도 파삭파삭해 오래 보관이 가능하고 비린내가 나지 않기 때문이다. 속초 여행을 마치고 집에 돌아와서도 닭강정은 파삭파삭한 맛이 그대로 유지된다.

순대 골목도 빼놓을 수 없는 유명한 골목이다. 여느 전통시장도 순대 골목이 있지만 이곳의 순대 골목은 속초 특산물인 오징어순대와 아바이순대 때문에 더 유명하다. 오징어순대는 예전부터 오징어잡이 배에서 바로 잡은 싱싱한 오징어에 여러 가지 밥과 반찬을 넣어 먹던 것에서 유래한 전통식품이다. 요즘은 찹쌀과 신선한 야채로 속을 채운다.

속초 관광수산시장 상가 지하에 위치한 회센터.
이곳에는 40여 개의 횟집과 건어물, 젓갈집들이 들어서 있다.

속초 관광수산시장에서 겨울이 제철인 홍게를 손질해 팔고 있다.

아바이 순대는 함경도 지방의 향토 음식으로 돼지 대창 속에 돼지 선지와 찹쌀, 배추 우거지, 숙주 등을 버무려 속을 채운 후에 찜통에 쪄서 만든 순대를 말한다. 한국전쟁 후 속초에 정착한 실향민들이 그 전통을 이어오면서 속초 대표 특산물로 자리를 잡았다.

중앙상가 지하 수산물회센터도 둘러보면 감탄이 나올 정도로 크고 다양한 생선을 팔고 있다. 이곳에서 일반 회와 물회, 매운탕을 맛볼 수 있는데 겨울에는 대방어가 입맛을 사로잡는다. 또한 곰치국으로 알려진 물곰탕이 별미다. 술 마신 다음 날 물곰탕 한 그릇이면 거뜬하게 해장을 할 수 있을 정도로 인기가 높다.

그리고 다양한 종류의 젓갈도 판매하는데 밥 한 그릇을 뚝딱 해치울 수 있는 가자미식해, 명태 회무침이 단연 인기다. 군것질거리로는 새우튀김, 수수부꾸미, 메밀전, 메밀총떡, 장떡, 감자옹심이, 호떡, 튀김, 전, 떡 등이 있다. 요즘 핫한 메뉴는 강원도 막걸리빵이다. 이 빵을 사기 위해 주중인데도 10미터 이상 줄을 서는 모습을 쉽게 볼 수 있다. 또 다른 신상 먹거리 중 하나는 '사형제 문어강정'이다. 친형제가 아니라 노총각으로 맺어진 4명의 형제가 운영하는데 방송을 탈 정도로 유명인이 됐다.

겨울철 별미로 떠오른 양미리·도루묵·홍게

속초는 오징어로 유명해졌지만 여름 한철 장사인 데다 오징어 어획량이 줄어 요즘엔 쉽게 맛볼 수 없다. 최근 겨울철에는 양미리와 도루묵, 홍게가 속초를 대표하는 수산물로 자리 잡고 있다.

양미리는 까나리와 모습이 비슷하지만 다른 생선이다. 11월부터 잡히기 시작하는 양미리는 어획량이 많아 가격이 저렴한 것이 특징이다. 겨울철에 연탄불에 구운 양미리는 고소해 술안주로 제격이고 말린 양미리는 반찬으로 더없이 좋다. 도루묵은 조선 시대 선조 임금이 피란길

속초의 겨울철 별미인 양미리 구이.

속초 관광수산시장.

에 맛있게 먹었던 생산을 '은어'라고 명명했다가 그 이후 먹어 보니 그 맛이 예전과 같지 않다 해 도로 '묵'이라 명했다는 이야기가 전해져오는 생선이다. 비린내가 없어 찌개로 끓이면 담백하고 시원해 절로 술이 생각날 정도다. 속초에서 양미리·도루묵 축제가 열리는 날이면 인산인해를 이룰 정도로 많은 관광객이 찾는다. 양미리와 도루묵은 겨우내 잡혀 쉽게 맛볼 수 있지만 도루묵 알은 1월로 접어들면 조금 질겨지기 시작하니 수놈을 먹는 것이 더 맛있다.

홍게는 동해안에만 분포하는데 겨울이 제철이다. 동명항에서는 독도 인근에서 잡은 홍게가 수십 박스씩 배에서 내려지는 모습을 볼 수 있다. 대게에 비해 값이 싸 지갑 걱정하지 않고 먹을 수 있는 별미다.

크고 작은 시장들이 옹기종기

원주 중앙 · 자유 · 도래미시장

강원도 영서내륙의 교통 중심지 원주는 사통팔달의 도시다. 사방팔방으로 길이 뚫려 있다는 뜻이다. 동서로 서울과 강릉을 잇고 횡성과 홍천, 평창, 영월, 여주, 제천, 충주가 거미줄처럼 연결됐다. 교역의 중심도시답게 원주 도심 한가운데 중앙시장이 자리 잡고 있다. 사고파는 상품의 종류와 규모도 여느 전통시장보다 큰 편이다. 원주 중앙시장은 서울로부터 공산품이, 강릉으로부터 해산물이, 인근 지역으로부터 농산물이 집결하다 보니 만물시장이나 다름없다.

각지에서 사람들이 모이다 보니 먹거리도 다양하다. 시장이 개설된 지 70년이 넘으면서 서민들은 물론 관광객, 입소문을 타고 온 신세대들도 찾는 맛집들이 하나둘씩 늘었다. 점심시간과 주말에는 기다림이 당연한 식당들이 꽤 늘었다. 시장 골목에 자리 잡은 맛집들 이름도 '강릉집' '횡성집' '이천기름집' '여주집' 등 고향 지명을 넣거나 '신혼부부' '일호집' '푸른 초원' 등 시골장터답게 정겹다.

126

원주 중앙시장은 예전과는 비교할 수 없을 정도로 유동인구가 줄었지만 여전히 시장을 찾는 연령층도 다양하고 상인들도 젊은 층이 조금씩 유입되면서 활기를 잃지 않고 있다. 그래서인지 원주 중앙시장은 70년이라는 긴 세월 동안 진화를 거듭해왔다.

원주 옛 B도로인 중앙로 거리를 사이에 두고 있는 중앙시장과 옛 A도로 사이에 위치한 자유시장이 양대 산맥을 이루고 있고 미로예술시장, 도래미시장, 중원시장 등이 붙어있다. 크고 작은 시장이 몰리다 보니 파는 품목에 따라 붙여진 골목도 다양하다. 한우 골목, 돈가스 골목, 순대 골목, 만두칼국수 골목 등이 대표적이다.

강원 영서내륙의 교통 중심지인 원주의 중앙시장 입구.

서민들의 70년 애환 쌓인 중앙시장

중앙시장이라는 이름을 갖고 있는 시장은 대부분 그 도시의 중심가에 있다. 그래서 인근에 관공서, 대학, 은행, 병원, 극장 등 도시의 중추 기능을 담당하는 공공 인프라가 잘 발달돼 있다.

1972년
옛 원주 중앙시장.
원주시 제공

　원주 중앙시장도 마찬가지다. 시장 인근에 지금은 무실동으로 이전한 원주시 청사가 있었고 원주세브란스 기독병원, 연세대 원주의과대학, 원주시보건소, 각종 은행과 병원들이 지금도 중앙시장 인근에 있다. 도시가 팽창하면서 원주시청과 경찰서, 원주역, 군부대 등이 외곽으로 이전했지만 예전에는 인근 도시를 포함해 유동인구가 가장 많은 곳으로 꼽혔다. 지금도 중앙시장과 자유시장을 잇는 도로는 평일에도 붐빌 정도로 상인들과 장을 보러 나온 사람들로 시끌벅적하다.

　봄이 시나브로 다가올 때면 난장에는 봄 내음을 담은 달래 바구니들이 시선을 사로잡는다. 구부정한 허리에 뽀글이 파마를 하고 달래를 담아내는 할머니의 무뎌진 손끝에서 애환이 고스란히 전해진다. 인근 떡집에서는 떡을 익히기 위해 내뿜는 희뿌연 수증기가 장보러 나온 할머니들을 반긴다.

　중앙시장은 콘크리트 건물 2개 동을 아케이드 지붕으로 연결한 1층 상점(가·나·다·라 동)들을 말한다. 이곳 2층은 미로예술중앙시장이다. 1층 중앙통로 좌우 측은 대부분 의류 상점들이 자리를 차지하고 있다. 요즘은 인터넷이나 대형 쇼핑몰에서 옷을 구입하지만 옛날에는 시장통에서나 옷을 살 수 있었다. 지금도 어르신들은 값싸고 질 좋은 옷을 구입하기 위해 중앙시장을 찾는다. 의류 상점들과 함께 생필품을 파는 상가와 상인, 서민들의 배를 채워주는 음식점들이 중앙시장을 구성하고 있다.

자유시장에서 중앙시장을 정면으로 보고 오른쪽 일부 상점(나 동)들은 화재로 문을 닫은 상태다. 화마가 휩쓴 지 4년이 지났지만 40여 개점포는 아직도 문을 열지 못하고 있다. 복구비와 보상 문제로 지연되다 최근 원주시가 해결책을 내놓으면서 해결의 실마리가 보이고 있다.

젊은 창업가 진출한 미로예술중앙시장

미로예술중앙시장은 중앙시장 2층을 말한다. 중앙시장을 둘러보다

원주 미로예술중앙시장.

129

보면 곳곳에 2층 미로예술중앙시장으로 연결되는 계단을 발견할 수 있다. 이 시장은 지난 2007년 원주시 청사가 무실동으로 이전한 후 원도심 공동화 현상이 일어나면서 중앙시장이 쇠퇴기를 맞자 이를 타개하기 위해 지난 2014년 청년상인 점포 52곳이 2층에 문을 열면서 미로(迷路)예술중앙시장이라는 이름을 얻었다.

청년 상인들이 점포를 오픈하면서 활기를 되찾기 시작했다. 당시 창작 레지던스 사업을 통해 작가들이 2층 미로예술중앙시장을 밝고 젊은 느낌으로 꾸몄고 다양한 청년 사업가들이 공방과 카페, 문화공간 등을 열어 새로운 형태의 문화예술 시장을 조성했다.

단순히 물건을 사고파는 시장이라는 기능에 예술을 접목하면서 복합문화공간으로 탈바꿈했지만 그 명성은 오래가지 않고 다시 침체기를 맞고 있다. '백종원의 골목식당'으로 전국에 이름을 알렸지만 칼국수 집만 유명세가 이어지고 있다. 유동인구가 줄어든 탓도 있지만 청년 사업가들이 제대로 정착하지 못한 이유가 가장 큰 듯하다.

40여 년 전 중앙시장에 점포를 얻어 '명양복점'을 운영해온 명효성 대표(85)는 "10여 년 전 중앙시장 2층을 젊은 공간으로 꾸미고 청년 사업가들이 대거 들어와 점포를 열었지만 효과가 그리 오래가지 않았다"며 "문제는 청년 사업가들이 갖고 있는 기술이 변변하지 못했기 때문"이라고 소신을 밝혔다.

명양복점 인근에는 가죽, 자수 등을 취급하는 신생 공방이 명맥을 유지할 뿐 인적이 별로 없어 한산하다. 무조건 청년들을 들여보내면 활성화될 것이란 직관적인 계획보다는 청년들이 기술을 갖고 업력을 쌓아가며 사업을 할 수 있도록 돕는 지원 전략이 필요하다.

원주 자유시장 지하 1층에 형성된 순댓국밥집.
일부 식당은 대기줄이 기본이다.

'국밥러'들의 순례지 자유시장

포털사이트 지도 서비스에서 '자유시장'을 검색하면 전국에 10곳이 넘는다. '평화시장'은 2~3곳 된다. 한국전쟁과 관련이 있을 것 같은 작명이 아닌가 추정된다. 원주에는 1군사령부, 1군지사 등이 주둔, 군사도시로 불렸던 적이 있어 해보는 짐작이지만 확인되지는 않는다. 원주 자유시장은 1986년 지하 2층, 지상 10층의 주상복합상가 가운데 지하 1층과 지상 1~2층에 들어섰다.

주상복합건물 1~2층에는 중앙시장과 마찬가지로 옷가게들이 자리를 잡고 있다. 이외에도 액세서리와 주방용품 가게, 수선집, 공방, 인테리어 소품점, 미용실, 사진관 등이 영업을 하고 있다. 지하 1층은 의류와 식당이 공존하는 공간이다. 특히 지하 1층 식당 코너에는 원주시민들의 사랑을 한 몸에 받고 있는 음식점들이 있고 이들 덕분에 자유시장

자체에 활기가 돌 정도다. 의류코너 나머지 공간에는 각종 튀김을 파는 튀김집, 순댓국을 파는 국밥집, 돈가스와 같은 분식을 파는 분식집들이 구역을 형성하고 있는데 몇몇 식당들은 웨이팅이 기본일 정도로 유명세를 타고 있다.

원주 자유시장 순댓국밥집들은 일반적인 국밥집하고는 조금 다르다. 이곳 국밥집들은 한 집당 3평 남짓한 공간에서 국밥에 들어갈 고기를 직접 손질하고 구석 한쪽에서 끓고 있는 국물에 밥과 고기를 토렴해 손님들에게 내어준다. 직접 고기를 손질하면서 비계나 질이 좋지 않은 부위는 손님들이 보는 앞에서 직접 도려내 버리고 사태 살코기와 오소리감투와 같은 부속물, 순대를 썰어서 넣어준다. 맛도 맵고 달고 짜지 않고 깔끔한 옛날 맛 그대로다. 그래서인지 20~30년 단골들도 많고 입소문이 나 요즘은 '국밥러'들의 순례지로 통한다.

도래미시장과 중원시장, 소고기 골목

원주 자유시장과 평원로 사이에 아케이드(비가림막)로 연결된 시장이 도래미(道來美)시장이다. 시설개선 사업을 해서인지 바닥과 상점 모두 깨끗하게 조성돼 있고 먹거리를 팔거나 음식점들이 들어서 있다. 일명 중앙시장 만두칼국수 골목으로 불리는 이곳도 유명 음식점들이 곳곳에 포진해 있다. 만두와 칼국수, 옹심이, 부침개 등 먹거리 식당 안을 비집고 들어가면 안쪽에 식당 칸이 있어 저렴하게 음식을 먹을 수 있다. 노인들이 삼삼오오 모여 앉아 부침개에 막걸리를 마시는 모습이 정겹다.

도래미시장은 1960년대 새벽시장, 1992년 중앙농수산물시장을 거쳐 2006년 중앙시민전통시장으로 등록했다. 그러다 2020년 도래미시장으로 이름을 바꾸고 다양한 콘텐츠를 개발하고 홍보하면서 생기가 넘치는 전통시장으로 성장하고 있다.

40년 전통의 소고기 골목은 중앙시장 1층 '다동'과 '라동' 골목에 위치해 있다. 일명 노포 한우구이 골목이다. 원주시청이 인근에 있을 때는 저렴한 가격에 한우를 먹을 수 있는 이곳으로 퇴근하는 시청 직원과 직장인들이 많았다. 때문에 소고기 골목은 저녁이면 숯불 연기가 그득했고 비좁은 점포 안에서 다닥다닥 붙은 불판을 둘러싸고 차돌박이, 부챗살, 치맛살, 업진살을 구워가며 술 한잔 기울이는 맛은 어디에도 비할 바가 없었다. 이런 전통시장이야말로 서민들의 애환과 희망을 보듬고 풀어내는 삶의 현장이다.

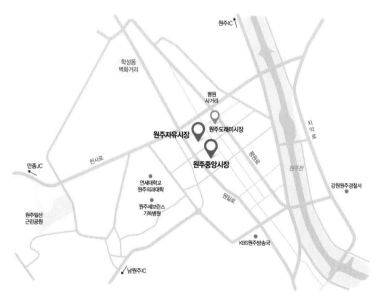

원주 중앙시장.

대전시보다 먼저 생긴 중부권 최대 시장

대전 중앙시장

봄기운이 완연한 대전 중앙시장 입구. 냉동 생선을 파는 노점상이 "떨이~ 떨이~"를 외치며 손님을 불러 모은다. 도로 가에는 대야 한가득 달래, 냉이 등 푸릇한 봄나물을 담아 파는 좌판도 열렸다. 호객하는 상인과 흥정하는 손님들이 뒤엉켜 시끌벅적하다. 바삐 오가는 행인들 사이로 느긋하게 매대를 둘러보는 사람도 눈에 띈다.

시장 초입에 들어서자 과자 굽는 달달한 냄새와 고소한 기름 향이 코끝을 자극한다. 과자점, 분식점, 한과점 등 각종 주전부리 가게에서 풍기는 맛있는 냄새다. 입구 왼쪽을 따라 늘어선 이들 가게 앞 손님들 손에는 저마다 과자 한 봉지씩 들려있다. 안쪽으로 조금 더 들어서면 장터 본연의 모습이 펼쳐진다. 한데 늘어선 어물전과 정육점, 젓갈가게에서 비릿한 냄새가 풍겨온다. 걸음을 멈추자 젓갈집 주인이 "맛을 보라"며 젓갈 한 점을 권한다.

'대전블루스'가 떠오르는 별칭 '중앙철도시장'

대전 중앙시장은 100년이 넘는 역사를 자랑하는 중부권 최대 전통시장이다. 중앙시장에는 웬만한 건 다 있다. 배가 고프면 먹으면 되고, 필요한 게 있으면 사면 된다.

입구에서 100미터쯤 들어왔을까. 사거리 아케이드 천장에 이정표가 걸려있다. 이정표는 사방으로 양키 거리, 홈 커튼 거리, 한복 거리, 귀금속 거리를 가리킨다. 왼쪽으로 발길을 돌려 수입물건을 파는 양키 거리를 따라 걸으니 도로 건너 맞은편에 '중앙철도시장'이라는 간판이 보인다.

'웬 철도시장?'이라는 생각이 들겠지만 중앙시장은 지난 2015년 문화관광형시장 육성사업에 선정되면서 철도를 테마로 한 새로운 이름을 얻었다. 대전역 인근에서 오랜 시간 철도와 고락을 함께한 장터의 별칭인 셈이다. 시장 특화구역도 모두 간이역을 연상케 하는 이름이 붙었

침구와 한복 전문점 거리가 시작되는 입구에 '중앙철도시장'이라는 간판이 걸려있다.

1970년 대전 중앙시장.
대전시 제공

다. 먹자골목역, 생선골목역, 양키역, 원단 · 홈커튼역 등이다. 이런 이유로 초행길에 시장을 걷다 보면 머릿속에서 조용필의 '대전 블루스'가 자연스럽게 맴돈다. '잘 있거라 나는 간다. 이별의 말도 없이, 떠나가는 새벽 열차, 대전발 영시 오십분~'

중앙철도시장 간판이 붙은 입구로 들어서면 커튼 등 홈패션 상점과 주단 상점이 줄지어 있다. 이곳에서는 커튼과 이불, 침구, 한복, 양복 등을 판매한다. 원단 · 홈 커튼 상점들을 지나 안쪽으로 더 들어가면 시장의 남쪽 끝에 중앙메가프라자 구역이 나온다.

이곳엔 미싱가게와 주단상점, 골동품점, 중고 LP음반 판매점 등 다양한 품목의 가게들이 옹기종기 모여 있다. 시장 맨 가장자리에 있어 지금은 행인이 많지 않은 편이다. 그러나 1970~80년대에는 이곳 옥상에 롤러스케이트장이 있어 중앙시장 구역 중 가장 인기 있는 곳이었다는 게 상인들의 전언이다. 한때 헌책방 거리로도 유명했지만 현재는 서너 곳만 남아 명맥을 유지하고 있다.

먹자통엔 전국에 소문난 노포 맛집 즐비

시장 구경에 허기질 때쯤이면 먹자통으로 가면 된다. 맛집이 즐비한 이곳은 대전역 정반대편 은행동 쪽으로도 입구가 나 있다. 대전 원도심 상징인 목척교 옆 입구에 '먹자골목' 간판이 보인다. 아직 골목에 들어서지도 않았는데 음식 냄새가 발길을 잡아끈다.

골목 초입 호떡집에는 손님 열댓 명이 줄을 서 차례를 기다린다. 골목 안쪽으로 완도상회, 영동상회, 부산상회 등등 전국 각지의 지명을 딴 상호가 정겹다. 쟁반 가득 쌓인 튀김과 순대, 김밥에 김이 모락모락 나는 만두와 노릇노릇 기름에 익어가는 빈대떡 등 먹거리 종류도 가지가지다.

생닭을 잡아 기름 솥에서 바삭하게 튀겨 내는 '서울치킨'과 70년 전통을 자랑하는 국밥맛집인 '함경도집', TV 예능프로에 소개되며 더욱

대전역 옆 역전시장 쪽에서 바라본 대전 중앙시장 주 입구.

대전 중앙시장 주 입구 초입 왼쪽에 늘어선 주전부리 상점들.

유명세를 타고 있는 이북식 만두집 '개천식당' 등은 중앙시장을 대표하는 노포 맛집이다. 먹자골목 외에도 시장 곳곳에는 순대와 잔치국수, 팥죽, 식혜 등을 파는 노점이 줄지어 있다. 노점에서는 '착한 가격'에 반주 한잔하며 요기도 할 수 있다.

30년째 중앙시장 먹자골목을 지키며 커피와 식혜를 팔고 있는 김은주 씨는 "아이가 다섯 살 되던 해부터 시장에서 장사를 시작했다"면서 "예전에는 어르신 손님들이 많았지만 요즘은 신혼부부 등 젊은이들도 많아 시대가 변하고 있다는 생각이 든다"고 말했다.

단위시장 17곳에 도 · 소매점 2,000여 곳

중앙시장은 대전 동구 원동에 있다. 의류, 잡화, 요식업 등 20여 개 품목 도 · 소매점과 점포 2,000여 곳이 영업 중이다. 단위 상인회만 17개로, 이 단위시장을 하나로 묶어 활성화구역 상인회를 이루고 있다. 1970~80년대 한창 번성하던 때는 점포 수가 4,000개를 넘었다. 귀금속, 한복, 침구 등 혼수품을 주력으로 의류와 그릇, 식품, 생활잡화 등의 상점이 웨딩과 패션, 푸드 등으로 특화돼 있다. 30~50년 넘게 한자리를 지킨 가게들도 즐비하다.

면적은 11만 3,627㎡(3만 4,372평)로, 대전역 왼쪽 맞은편 일대 전체가 중앙시장이라고 봐도 될 정도다. '중부권 최대'라는 수식어가 아깝지 않다. 대전 원도심 핵심 상권인 중앙로를 끼고 중구 은행동과 대전역이 맞닿아 있어 접근성도 뛰어나다. 길 건너 대전역 옆에는 또 다른 대형 전통시장인 역전시장이 성업 중이다.

대전 중앙시장 먹자골목 가판대에서 손님들이 먹거리를 사기 위해 기다리고 있다.

중앙시장의 뿌리는 1911년으로 거슬러 올라간다. 대전이 행정단위로 기틀을 갖춘 때가 1914년 3월이니 그보다 3년이 앞선다. 중앙시장의 전신은 당시 대전에 거류하던 일본인이 세운 '대전 어채시장'이다. 본래 위치는 동구 원동 일대, 옛 대전백화점 자리였다. 초창기에는 부산·마산·군산·목포·인천·원산 등지의 생선과 대전 근교의 과일·채소가 판매됐다. 중앙시장이 생겨나면서 대전 최대 장터인 인동시장이 점차 쇠퇴했다. 한국전쟁 때 폭격으로 시장이 폐허가 됐지만 피란민들이 대전역 인근 원동에 몰리면서 일대 상권은 다시 살아났다. 피란민들은 의류 제조업과 도·소매업 등에 종사하며 시장의 새로운 터줏대감으로 자리 잡았다.

1960년대엔 전국 상권…고속道 개통으로 위축

중앙시장은 1960년대 말까지만 해도 상권이 전국에 미쳤다. 충청권은 물론 전라도, 경북, 경기 일대 주단·포목·한복업계를 장악했다. "빈털터리도 중앙시장에 들어오면 금세 부자가 될 수 있다"는 말이 나올 정도로 사람과 돈이 모여들었다.

성장기로 접어들었던 1969년에는 시장을 휩쓴 대형화재로 시련을 겪기도 했다. 목조구조의 점포 360여 동이 눈 깜짝할 새 화마에 휩쓸렸다. 이후 1980~2000년대에도 크고 작은 화재가 이어졌다. 1970년대 들어서 경부·호남고속도로가 개통되고 지방소매상들이 서울, 부산 등지와 직거래가 가능해지면서 중앙시장의 규모는 점차 축소됐다. 소비행태 변화와 상인들의 고령화, 마케팅 부족에다 코로나19까지 겹치면서 시장기능이 조금은 약화됐다. 전성기 때는 하루 평균 방문객 수가 5만

명을 넘었지만 지금은 4만 명 안팎에 머물고 있다. 하지만 여전히 평일과 휴일 구분 없이 중앙시장은 활기를 잃지 않고 있다.

근대 문화유산 옛 산업은행도 볼거리

대전지역 근대 문화유산인 옛 산업은행 대전지점 건물도 중앙시장 구역에서 빼놓을 수 없는 볼거리다. 2002년 5월 등록문화재 제19호로 지정된 이 건물에는 일제강점기 경제침탈의 아픈 역사가 배어있다. 이곳은 순수 민족자본으로 설립된 한성은행이 1912년 대전지점을 개설한 자리다. 그러나 조선총독부의 산업정책 지원 금융기관인 조선식산은행이 한성은행을 철거하고 1918년 10월 대전지점을 신축한다. 1945년 광복과 함께 조선식산은행이 한국식산은행으로 개칭되고 다시 1954년 4월부터 산업은행 대전지점으로 이용됐다. 1997년 산업은행 대전지점

대전 중앙시장 중앙메가프라자 구역에 있는 헌책방에서
한 행인이 가게 앞에 쌓인 책들을 살펴보고 있다.

대전 중앙시장.

이 신도심인 대전 서구 둔산동으로 이전한 뒤 잠시 대전우체국으로 사용되다가 현재는 한 안경 전문 기업이 사들여 활용하고 있다.

도면회 대전 시사편찬위원(대전대 교수)은 "1905년 경부선 개통과 함께 태동한 중앙시장은 충북과 충남, 경북 등 전국 각지의 도·소매상들이 모이던 대전을 상징하는 시장으로, 초창기부터 대단히 발전된 시장이었다"고 말했다.

대전 동구청, 특화·현대화 사업 지원

중앙시장엔 옛 영화를 되찾기 위한 다양한 시도가 이어지고 있다. 대전 동구청 등 지방자치단체의 지원으로 전통시장별 특화사업과 현대화

사업 등이 진행되면서 중앙시장은 점차 쾌적하고 편리한 신개념 전통 시장으로 변모하고 있다. 시장과 이웃한 대전천에서 진행 중인 생태복 원사업도 호재다.

최근 중앙시장은 행정안전부의 '전통시장 주변 편의시설 조성지원사 업'에 선정됐다. 그간 전통시장 시설개선사업은 주로 아케이드와 주차 장, 간판 정비 등에 집중됐지만, 이번에는 시장 유인형 시설이 설치된 다. 소비 트렌드를 반영한 고객 맞춤형 편의시설이다. 어린이 동반 부 부와 젊은 층을 불러들이기 위한 키즈 카페와 책 카페 등도 들어선다. 방문객이 시장 음식을 깨끗한 곳에서 편하게 즐길 수 있도록 세련된 고 객 편의시설도 마련된다.

박황순 대전중앙시장 활성화구역 상인회장은 "전통시장 상인 중에 는 연세가 많으신 분들이 많다 보니 온라인 쇼핑몰과 배달서비스 도입 등 새로운 시도 과정에 많은 장벽이 있다"면서 "상인들의 의식변화를 위한 노력과 더불어 보다 깨끗하고 세련된 시장을 만들기 위해 동구청 과 협력하고 있다"고 말했다.

24시간
불이 꺼지지 않는다

대전 한민시장

    대전 서구 가장동에 자리한 한민시장은 총 1만 27㎡ 면적에 점포 240여 개, 상인 600여 명인 지역 대표 전통시장 중 한 곳이다. 시장을 오가는 유동인구는 하루 1만 명 안팎에 이른다.

    한민시장이 형성되기 시작한 때는 1970년대 말. 당시 대전 최초의 대단위 공동주택인 가장 주공아파트가 들어서자 그 담벼락 주변으로 상인들이 몰려들면서 자연스럽게 장이 서기 시작했다. 노점 위주로 형성돼 점차 규모를 키워가던 한민시장은 이후 상인들의 자구노력으로, 1981년 3월 정식으로 '인정시장' 등록을 하게 된다.

    1988년 정부대전청사가 서울에서 대전으로 이전한 뒤 대전 서구가 인구 증가로 분구되면서 한민시장도 크게 호황을 구가했다. 이어 1999년에는 가장 주공아파트가 재건축돼 현대적인 대규모 아파트 단지가 조성되면서 든든한 시장 배후수요로 자리 잡았다. 현재 시장반경 1킬로미터 안에 공동주택과 빌라, 원룸 등을 포함해 3만 세대 이상이 거주하는 것으로 추정된다.

이처럼 주변에 대규모 주거단지가 생겨나면서 자연스레 가정에서 소비하는 식재료인 농축수산물이 시장의 주력 상품이 됐다. 주거단지가 주변을 둘러싼 만큼 다른 전통시장들에 비해 접근성이 뛰어난 것이 한민시장의 강점이다. 시장은 동쪽으로는 대전역, 서쪽으로는 유성까지 시내버스 노선으로 연결됐다. 대전지역 어디서든 대중교통으로 접근하기 쉽다. 특히 시장에서 가까운 곳에 지하철역이 있어 접근성만큼은 최상의 조건이다.

아파트 담 주변 노점들이 변신

2월 첫 주말 대전 서구 가장로 한민시장 5번 게이트 입구. 영상 5도 안팎의 기온에 강한 바람이 간간이 몰아치는 제법 쌀쌀한 날씨 속에도 장을 보러 나온 사람들로 시장 앞이 분주하다.

시장 주 출입구인 이곳 5번 게이트 앞 길가에는 깐마늘과 양파, 대파, 무 등 막바지 김장 채소를 파는 노점상이 일찌감치 진을 쳤다. 시장으로 들어서자 좌우로 길게 늘어선 상점들의 환한 조명과 시장통을 오가는 행인들의 총총걸음에서 생기가 느껴진다.

시장 안쪽 아케이드 천장에는 마치 불꽃놀이를 연상시키는 오색 조명이 곳곳에 걸려 분위기를 한껏 돋운다. 초입 왼편 대형 마트를 지나 청과상과 젓갈집, 반찬가게, 두붓집, 떡집, 정육점 등이 차례로 눈에 들어온다. 한민시장은 중간중간에 3곳의 샛길이 형성돼 있지만, 중심 시장통은 일자로 나 있어 길을 잃어버릴 염려는 없다.

100여 미터 안쪽으로 들어왔을까. 대형 정육점 옆 한 건어물 가게에서는 주인과 손님이 나누는 대화가 정겹다. 60대 후반쯤 돼 보이는 한 여성 손님이 "뭐 이런 걸 줘"하며 손사래를 치자 주인장은 "이런 게 정이잖아요"라며 기어코 비닐봉지에 북어채를 한 주먹 더 담는다.

건어물 가게 한 칸 건너 어물전이 청년 상인들의 호객 소리로 시끌벅적하다. "싸게 가져가세요. 다금바리 다섯 마리 만 원~." 상인들의 외침에 몰려든 주부들이 저녁거리를 장만하려 매대 위 냉동 생선을 이리저리 살핀다.

어물전 맞은편 호떡집엔 불이 났다. 한 사람 끼어들 틈도 없을 정도로 북새통이다. 이곳은 한민시장 최고 맛집 중 한 곳인 '온양 삼색호떡'.

대전 한민시장 주 출입구 중 한 곳인 5번 게이트.

한민시장 어물전 앞에서 저녁거리를 장만하러 나온 주부 손님들이
매대 위 냉동 생선을 살피고 있다.

2평 남짓한 가게 안에서 3명의 직원이 팔을 걷어붙이고 호떡과 튀김, 떡볶이, 어묵탕 등을 만드느라 분주하다. 이 집의 호떡은 피가 얇고 꿀과 견과류가 듬뿍 들어있는 것이 특징이다. 항상 손님이 대기하고 있어 '줄 서서 먹는 호떡집'으로도 알려졌다.

'먹자골목' 따로 없어도 곳곳이 맛집

한민시장에는 다른 대형 전통시장처럼 '먹자통'이 따로 없다. 그러나 걱정은 금물이다. 시장 규모에 비해 가심비 맛집이 즐비하다. 오래된 노포도 있지만 젊은 청년 사장님들이 시장에 새롭게 정착하면서 개발한 '퓨전' 먹거리 음식점도 곳곳에 포진한다.

'심미'라는 상호의 가게가 대표적이다. 이곳의 간판은 '심미'이지만 '심미 함박'으로 더 잘 알려져 있다. 뚝배기에 나오는 함박스테이크가 주메뉴다. 국밥집에서나 볼 법한 뚝배기에 함박스테이크를 내온다. 소스는 기본 데미글라스에 새하얗고 고소한 크림소스도 선택할 수 있다. 이 집은 원래 떡갈비 전문집이었다. 떡갈비는 맛과 크기로 전국 어디에 내놔도 밀리지 않는다는 평이다. 일단 가게에 들어오는 손님에게 시식용 떡갈비를 제공할 정도로 자신감이 넘친다.

'한민닭강정'도 유명세를 누리는 맛집이다. 언뜻 전통시장 안의 가게라고 느껴지지 않을 만큼 유럽풍의 고급스런 원목 인테리어가 눈길을 끈다. 케첩을 넣지 않고 토마토 베이스에 직접 개발한 수제 양념을 가미, 다른 닭강정보다 훨씬 더 깔끔하고 깊은 맛을 낸다. 여기에 바로 쪄낸 고기만두와 김치만두, 찐빵 등을 맛볼 수 있는 손만두 전문점인 '대박소문만두', 각종 피자와 마늘빵 맛집인 '파스타마니아' 등도 한민시장에서 빼놓을 수 없는 맛집이다.

새벽까지 불 밝히는 시장 명물 막창 골목

메인 출입구 길 건너 맞은편 6번 게이트 안쪽으로는 한민시장의 시그니처인 막창집 대여섯 곳이 영업 중이다. 시장의 맨 가장자리에 위치한 막창 골목은 그간 많은 매스컴에 오르내리면서 전국적인 명소로 떠올랐다. 많은 지역민이 한민시장 하면 막창집을 떠올릴 정도로 한민시장의 막창 골목은 상징성이 크다. 해가 뉘엿뉘엿 저무는 저녁쯤이면 직장인들을 필두로 마니아들이 몰려들어 이곳 막창 골목에서 한잔 술과 함께 하루의 피로를 씻는다.

막창 가게들이 새벽 시간대까지 영업을 이어가면서 한민시장은 '24시간 불이 꺼지지 않는 시장'으로도 불린다. 일반 상점들이 문을 닫는 시

한민시장 명소 막창골목.

간에 막창집들이 본격적으로 장사에 나서면서 한밤중에도 불을 훤히
밝히기 때문이다. 한민시장에서 어떻게 막창집이 성업하게 됐는지에
대한 확실한 정보는 남아 있지 않다. 다만 시장 형성 초기 이곳에 유명
한 순대집이 있었고, 이 집에서 순대보다 부속 고기가 손님들에게 더
인기를 끌면서 자연스럽게 막창을 주력 메뉴로 하게 됐다는 설이 전해
진다. 아직도 한민시장 곳곳에는 순대와 돼지 부속을 파는 가게들을 곳
곳에서 볼 수 있다. 이곳에서 처음으로 막창 장사를 시작한 가게는 '한
민원조막창'. 윤미자 사장이 어머니에게서 가게를 물려받아 딸과 함께
운영하며 3대째 가업을 잇고 있다.

전용 배달 앱 '먹깨비'도 운영
한민시장은 일반적 전통시장과 같이 깊은 역사를 지니고 있진 않지
만 시장의 다양화를 고민하며 새로운 길을 개척하고 있다. 지난 2000년

대 초부터 주차장과 화장실, 아케이드 등의 편의시설을 확충했고, 지난 2015년에는 골목시장 육성사업을 거치며 현대식 전통시장의 면모를 갖췄다. 이어 2017년에는 문화관광형 시장 육성사업이 추진되면서 한민시장은 다시 새로운 변화를 겪었다. 이 사업을 통해 한민시장은 통일된 디자인의 돌출간판과 아케이드 경관조명을 갖춰 한결 세련된 분위기를 연출하고 있다. 시장 홈페이지와 블로그, SNS도 개설돼 시장 인지도를 높이고 있다. 전통시장에서는 보기 어려운 상인 전용 피트니스센터와 다목적회의실도 갖추고 있다. 갈수록 심해지는 한여름 폭염에 대비하기 위해서 한민시장 전 구간 천장에 2미터 간격으로 쿨링포그도 설치, 방문객들에게 한결 쾌적한 쇼핑환경을 제공했다.

한민시장은 시장에 직접 나오지 않아도 배달 앱인 '먹깨비'를 통해 주문 2시간 안에 집에서 편하게 받아볼 수 있는 서비스도 하고 있다. 먹깨비는 다른 배달 앱과는 다르게 여러 업소 물품을 한 번에 장바구니에 담아 주문할 수 있어 배송비 부담을 덜 수 있다. 하루 100건 이상 찍혀 대전지역 전통시장 가운데 배달 앱 주문 수 1위를 기록했다.

36년째 한민시장에서 '부흥청과'라는 과일가게를 운영 중인 권수안 사장은 "집에 앉아서 상품을 주문하는 시대에 맞게 최근 배달 앱 도입은 상인들에게 많은 도움이 되고 있다"면서 "앞으로도 손님들을 끌어들이기 위한 보다 다양한 사업과 이벤트가 마련됐으면 한다"고 말했다.

매년 김장 문화축제…"이웃과 함께"
한민시장의 대표 이벤트는 매년 연말 펼쳐지는 '김장 문화축제'다. 지난 2016년부터 시작된 이 축제는 단순히 김치를 버무리는 것이 아니

한민시장과 이웃해 있는 대전 서구 가장로 대단위 아파트 단지.
이들 아파트는 한민시장의 든든한 배후수요가 되고 있다.

라 주민·상인은 물론 지역 기업들이 한데 모여 새로운 추억을 만드는
행사다. 물론 김장재료들은 모두 시장에서 국내산으로 조달한다. 김장
축제에는 김장 담그기 이벤트 이외에도 트로트 콘서트 등 다양한 공연
이 함께 진행돼 주민 어울림 한마당을 연출했다. 축제 기간 담근 김치
는 모두 인근 지역 복지시설과 소외이웃들에게 전달된다.

한민시장은 해마다 국책사업에 선정되며 시설 현대화와 시장 경영
혁신 사업 등을 지속적으로 진행하고 있다. 온라인 플랫폼 구축과 노후
시설 정비, 화재 안전점검, 방역 등을 통해 시장 내 안정성을 확보하고
카드 가맹률과 온라인상품권 사용처 확대, 각종 이벤트 및 상생 협약을
진행하고 있다. 이러한 노력을 인정받아 한민시장은 2023년 인천에서
열린 제19회 전국우수시장박람회에서 국무총리상을 수상하기도 했다.

대전 한민시장.

　김종천 한민시장 상인회장은 "온라인 쇼핑과 배달서비스가 확산하면서 전통시장 매출은 점점 더 위축되고 있다"면서 "배송서비스 확대와 편의시설 확충, 고객 이벤트 등을 통한 위기 극복 방안을 모색하고 있다"고 말했다.

'보물' 돌다리
묻힌 장터

청주 육거리종합시장

청주 육거리종합시장은 보물이 묻힌 시장이다. 우리나라에서 가장 길고 오래된 석교였던 남석교가 시장 밑에 그대로 묻혀 있다. 지루한 장마가 끝나고 섭씨 35도의 가마솥더위가 십수 일째 이어진 8월 여름 날 남석교의 흔적이 있는 육거리종합시장을 찾았다.

충북 청주시 상당구 석교육거리 도로 건너편으로 전통 기와지붕 모양의 거대한 조형물 위에 '육거리종합시장'이라고 쓴 간판이 한눈에 들어온다. 처마 밑에 원색의 청사초롱을 달아 전통미를 한껏 살린 이곳은 청주 대표 명소 육거리종합시장의 주 출입구다.

입구부터 좌판들로 빼곡한 여느 전통시장과는 달리 널찍한 통로가 시장 안쪽으로 시원하게 뻗었다. 방문객들이 많은 주말이지만, 자전거 두어 대가 사람들 사이로 지나다닐 정도로 시장통이 여유롭다. 시장 초입 청과상에서는 매대 앞쪽을 차지한 잘 익은 복숭아와 자두, 참외, 수박 등 여름 과일이 단내를 풍긴다. 청과상 맞은편 어물전에서는 손님과

청주 육거리종합시장 주 출입구에 설치된 전통기와 지붕 문주(門柱).

상인의 흥정이 한창이다.

시장 안쪽으로 몇 걸음 옮기자 후덥지근한 바깥 공기와는 사뭇 다른 상쾌함이 느껴진다. 아케이드 지붕 아래 '쿨링 포그(Cooling Fog)'가 내뿜는 시원한 물안개가 얼굴에 와 닿는다. 골목 중간쯤 생과일주스 가게 앞은 빙수 한 잔에 더위를 잊으려는 사람들로 북새통이다. 대형 약재상 옆 정육점 주인은 고기를 잘라 포장하느라 손길이 분주하다. "떨이~떨이~"를 외치던 한 야채 노점상은 파장하려는 듯 "1,000원에 가져 가라"며 양손에 든 양상추 두 개를 불쑥 내민다.

팔각형 남석교 조형물 새 랜드마크

안쪽으로 100미터쯤 들어왔을까. 자동차 두어 대는 너끈히 지날 정도의 널찍한 사거리가 펼쳐진다. '임금 왕(王)' 자 형태로 형성된 육거리시장의 중심부다. 천장에는 흑백 돌다리 사진이 붙은 팔각형의 대형 구조물이 걸렸고, 바닥에는 둘레에 '육거리종합시장'이라는 글자가 새겨진 지름 1.5미터 남짓의 원형 동판이 박혀있다. 동판은 육거리시장의 상징인 남석교가 묻힌 지점을 표시한다.

남석교의 축조 연대에 대해서는 의견이 분분하다. 기원전부터 고려시대까지 학계의 의견이 갈린다. 가장 오래된 축조 시기는 기원전 57년까지 거슬러 올라간다. 19세기 말에 쓰인 고서적에 따르면 남석교에 '한선제 오봉원년(漢宣帝 五鳳元年)'이라는 글귀가 새겨져 있다는 기록이 있다. 한나라 선제 오봉 원년은 기원전 57년인데, 박혁거세가 신라를 건국한 시점이다. 이 기록이 사실이라면 남석교는 2,000여 년 전 축조된 돌다리가 되는 셈이다. 너비 4.1미터에 길이 80.5미터로, 국내에서 길이가 가장 긴 돌다리다. 돌기둥을 세운 뒤 널빤지 모양으로 다듬은 화강석을 대청마루 놓듯 이어놓은 모양새로 지어졌다. 어찌나 튼튼하게 지었던지 조선 말기까지도 그 기능을 유지했다.

1906년 청주 무심천 대홍수로 물길이 바뀐 뒤 남석교 바닥에 점차 흙이 쌓여 다리로서의 기능을 잃었다. 일제는 1932년 청주 석교동 일대 둑 공사를 하면서 다리를 흙으로 덮어버렸다. 근래에 들어 남석교 발

우리나라에서
가장 긴 돌다리였던 남석교를
건너는 1920년대 모습.
청주시 제공

굴이 시도되기도 했다. 하지만 토지 보상비가 만만치 않은 데다 남석교 밑이 모래땅이어서 복원에 나설 경우 육거리시장 지반 침하와 함께 건물 붕괴가 우려되면서 중단된 상태다.

한국관광공사 글로벌명품시장 육성사업단은 지난 2018년 남석교가 묻힌 이곳에 팔각형의 라이트 캔버스를 설치, 육거리시장의 새 랜드마크로 탄생시켰다. 이병수 청주시문화산업진흥재단 문화도시본부장은 "1500년 역사문화도시 청주만의 로컬문화와 스토리텔링이 집약된 곳이 육거리시장"이라며 "매력적 콘텐츠 개발과 남석교 복원 등 획기적인 전략을 통해 K-관광의 새로운 문화관광거점으로 도약할 시점"이라고 말했다.

먹자골목엔 '전 거리'…노포 맛집 즐비

시장 구경도 식후경. 곧바로 발길을 옮긴 곳은 전통시장의 '핫플' 먹자골목이다. 먹자골목은 주 출입구 오른쪽에 나 있다. 입구 지붕의 '먹거리 골목'이라고 쓴 간판에 주걱을 들고 함박웃음을 짓는 마당쇠 캐릭터가 정겹다. "청주의 맛집은 다 모였다"고 할 정도로 육거리시장에는 맛집이 널렸다. 골목으로 몇 발짝 들어서자 고소한 기름 냄새가 진동한다. 양쪽으로 늘어선 전집들에서 새어 나오는 냄새다. 육거리시장 먹자골목의 테마 구역인 전 골목이다.

기름 자박한 넓은 철판에 반죽을 펴는 상인 아주머니의 솜씨가 예사롭지 않다. 철판 앞 매대에는 번지르르 색깔 고운 온갖 종류의 부침개가 수북이 쌓여있다. 김치전부터 두부전에 동그랑땡, 호박전, 깻잎전, 버섯전, 동태전, 꼬치전 등등. 이름 모를 전들도 수두룩하다. 한 가게

안에는 손님 서넛이 원탁에 둘러앉아 부침개를 놓고 막걸리를 주고받는다. 전집 끄트머리쯤엔 대기 줄이 늘어섰다. 요즘 각종 매스컴을 타면서 전국구 맛집으로 뜬 '소문난 만두'다. 쫄깃한 만두피에 육즙 가득한 천연 만두소로 '식객'들의 입맛을 사로잡고 있다. 국내 최고의 대기업과 은행에 다니던 젊은 부부가 '꿈의 직장'을 내던지고 가업을 승계한 것으로 알려져 유명세가 더하다.

먹자골목 외에도 육거리시장에는 대를 잇는 노포 맛집들이 곳곳에 포진해 있다. 시장 북쪽 골목에 자리한 '금강설렁탕'은 시장의 터줏대감. 중소벤처기업부의 '백년 가게'에도 선정된 이 집은 50여 년에 걸쳐 내려오는 씨 국물을 사용해 한결같은 맛을 낸다. 1980년대 '갬성'이 돋

청주 육거리종합시장 메인 골목.
타 전통시장에 비해 시장통이 넓은 편이다.

청주 육거리시장 중심부에 설치된 팔각형의
라이트 캔버스와 원형 동판.
이곳은 국내에서 가장 긴 돌다리인 남석교가
묻힌 지점이다.

보이는 육거리시장의 대표 맛집이다. 윤석열 대통령이 당선인 시절 다녀가기도 했다.

잡냄새 없는 구수한 국물이 일품인 '새가덕순대'와 '서민갑부' '백종원의 3대 천왕' 등 TV 프로그램에 소개되며 널리 알려진 '꼬마족발'도 육거리시장과 수십 년을 동고동락했다. 먹거리 골목을 따라 똑바로 걷다 보면 의류거리가 나온다. 골목 좌우를 가득 메운 옷가게에는 갓난아기 옷부터 중고 구제 의류까지 형형색색의 옷가지가 걸려있다. 발걸음을 멈추자 가게 주인이 "그거 시원하고 좋아요"라며 굳이 옷가지를 들어보인다.

전국 5대 시장 명성…하루 2만 명 방문

육거리시장은 전국 5대 전통시장으로 꼽힐 만큼 매머드급이다. 사방에 흩어져 있던 12개의 시장이 합쳐져 자연스럽게 형성된 중부권 최대 전통시장이다. 전체 면적은 총 9만 9,000㎡(옛 3만 평)에 입점 점포 수는 1,200여 곳, 종사자 수는 3,300여 명에 이른다. 하루 2만 명 이상의 방문객이 찾고, 연매출액은 3,000억 원이 넘는다.

시장은 모두 10개 구역으로 나뉘어 있다. 지난 1999년 구역별로 난립했던 9개 상인회를 연합회로 결성, 현재 10개 상인연합회가 활동 중이다. 그러나 의류 거리를 제외하고는 구역별로 특화된 품목을 취급하지는 않는다. 한 구역에 여러 품목의 상점들이 섞여 있는 자연발생적 시장이다. 육거리시장은 다양한 품목을 취급하는 시장으로도 유명하다. 없는 것 빼놓고 다 있다. 농·특산물은 물론 농기구와 건어물, 식료품, 육류, 축·수산물, 혼수, 한약재, 그릇, 의류, 잡화 등 웬만한 건 모두 구할 수 있다.

육거리시장에서 45년째 가방가게를 운영하는 반광환 씨(68)는 "1978년 처음 가게를 시작할 때 월세가 2만 원이었는데 지금은 100만 원이 넘을 만큼 시장에 많은 변화가 있었다"면서 "전통시장이 예전 같지 않지만 아직도 애정을 갖고 찾아주는 손님들이 있어 자리를 지키고 있다"고 말했다.

신선 농산물 직거래하는 새벽 '도깨비시장'

육거리시장의 태동은 조선 후기로 거슬러 올라간다. 조선 시대부터 활발하게 거래가 이뤄졌던 청주 읍성 남문 밖 청주 장(場)은 당시 9개의 장이 운영될 정도로 활성화돼 있었다. 무심천 변에 우시장과 농산물, 땔나무 장사가 있었고 국밥집과 대장간 등이 있었는데 이것이 육거리시장의 시초다. 과거 청주 우시장은 전국에서 다섯 손가락 안에 꼽힐 정도로 큰 규모를 자랑했다. 지금도 '축산물' 간판을 내건 가게들이 유난히 많은 것은 이 때문이다. 1905년 경부선 철도 개통으로 상권이 막 살아나던 이듬해인 1906년 대홍수로 청주 장이 물에 잠기면서 장터는

400여 미터 남쪽인 지금의 위치로 옮겨졌다. 이때를 기점으로 보면 육거리시장은 117년의 역사를 지녔다.

영남과 호남, 충청도의 물자가 모여드는 중심지에 위치한 데다 충북선이 연장 개통하면서 시장은 날로 번성했다. 육거리시장으로 불리기 시작한 때는 1970년대 초반. 당시에는 "육거리 시장에서 돈을 못 벌면 아무데서도 벌 수 없다"는 말이 생겨났을 정도로 호황을 구가했다. 육거리는 여섯 개의 길이 만나는 곳에 있어 붙은 이름이지만, 두 갈래 길이 시장으로 연결돼 사실은 사거리다. 상설시장으로 자리 잡은 지금도 2일과 7일에는 어김없이 오일장이 선다. 새벽에는 '도깨비시장'도 열린다. 오전 5~8시 3시간 동안 열리며 농민들이 직접 생산한 신선한 농산물을 직거래한다.

첫 시장 상품권 발행 등 전통시장 현대화의 첨단

우리나라 전통시장 가운데 아케이드 지붕이 가장 먼저 설치된 곳이 바로 육거리시장이다. 지난 2002년 전국 전통시장 최초로 육거리시장에 아케이드가 설치됐다. 그만큼 시장 현대화에 가장 먼저 눈을 떴다. 2003년에는 전국 처음으로 시장 상품권을 발행하며 전국 전통시장의 벤치마킹 대상이 되기도 했다. 특히 '일일 테마가 있는 거리' 사업으로 무질서한 간판을 개성 있게 바꾸고 가로환경도 깨끗하게 가꿔 파이낸셜뉴스와 국토교통부가 공동개최한 '2016 국토경관 디자인대전'에서 장관상을 받기도 했다. 지금도 시설 개선사업과 다양한 시장 활성화 프로그램은 계속 추진 중이다. 최근에는 노출 전선 정비와 화장실 및 고객지원센터 리모델링, 쿨링 포그 분무기 설치를 마쳤고 현재는 청주시가 대형버스와 승용차 80여 대를 수용할 수 있는 제3주차장을 건설 중이다.

성낙운 청주육거리종합시장 상인회장은 "시장 현대화 사업과 함께 젊은 고객을 유인하기 위한 이벤트와 볼거리 마련에 노력하고 있다"면서 "최근에는 외국인들이 많이 찾고 있는 만큼 상인들에게 간단한 외국어 소통 교육도 하고 있다"고 소개했다.

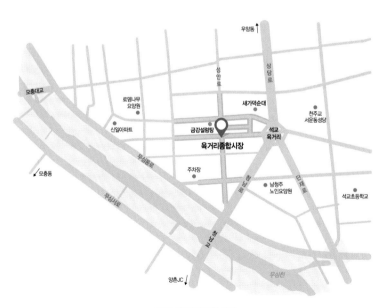

청주 육거리종합시장.

민심 꽃 피운
장터

전통시장 찾은 역대 대통령들

조선 시대 임금들은 궁궐 밖 민초들의 애환을 생생하게 듣고 싶을 때
마다 저잣거리부터 살피게 했다. 탁주 한 사발에 나라님 뒷이야기까지
오가는 전통시장에선 민심의 속내까지 파악할 수 있었다.

오늘날에도 전통시장은 선거철이면 후보자들의 필수 방문코스가 되
고, 유력 정치인들이 자주 찾아 민심을 듣는 장소다. 역대 대통령들도
전통시장을 수시로 찾아 길거리에서 '먹방'을 즐기면서 국민에게 친근
감을 심어주는 데 노력했다. 국민 곁에 함께한다는 모습을 보여주고,
상인들의 이야기를 듣기 위해서였다. 때로는 정치적 위기를 극복하기
위한 행보로 활용되기도 한다. 2000년대 들어 전자상거래가 활발해지
면서 대통령의 전통시장 방문은 상징성이 더 강해졌다. 정부 차원의 지
원으로 시장 상인을 지키고 오랜 문화를 계승하겠다는 의지를 피력해
온 것이다.

윤석열 대통령이 2023년 12월 6일 부산 중구 깡통시장에서
이재용 삼성전자 회장 등 기업 총수들과 떡볶이 등을 시식하고 있다.
왼쪽부터 최재원 SK 수석부회장, 이재용 삼성전자 회장, 조현준 효성그룹 회장, 윤 대통령,
구광모 LG그룹 회장, 김동관 한화그룹 부회장, 정기선 HD현대 부회장, 조원태 한진그룹 회장.
대통령실 제공

총수들과 떡볶이 먹은 윤석열

윤석열 대통령은 2023년 12월 6일 부산 중구 국제시장 인근 깡통시장을 방문해 재계 총수들과 떡볶이를 나눠 먹는 모습을 보여 화제를 모았다. 대통령의 전통시장 방문만으로 시장 전체가 떠들썩할 일인데, 삼성과 LG 같은 대기업 총수들이 동행하면서 이목이 쏠렸다.

윤 대통령은 "부산을 키우겠습니다. 부산을 더 발전시키겠습니다"라고 상인들에게 약속하며 훈훈한 소통의 시간을 가졌다. 2030 세계엑스포 유치에 실패해 낙심한 부산시민들을 위로한 것이다. 이어 윤 대통령은 시장 내 분식집에 들러 동행한 박형준 부산시장, 이재용 삼성 회장, 구광모 LG 회장, 조현준 효성그룹 회장, 조원태 한진그룹 회장, 정기선 HD현대 부회장, 김동관 한화그룹 부회장, 최재원 SK 수석부회장 등과 함께 떡볶이와 어묵 등을 먹었다.

대통령과 재계 총수들이 길거리 음식을 함께 먹는 보기 드문 진풍경을 국민에게 여과 없이 보여줬다. 윤 대통령은 시장 방문 후 인근 식당에서 기업인들을 포함한 간담회 참석자들과 오찬도 함께했다. 오찬 메뉴는 부산의 대표 음식인 돼지국밥이었다.

코로나19 확산 때 시장 찾은 문재인

문재인 전 대통령은 지난 2020년 2월 12일 서울 남대문시장을 찾아 코로나19 여파로 신음하는 상인들을 위로했다. 사회적 거리 두기가 시행되기 전이었기에 상인들과 오찬 간담회를 갖고 소상공인 지원 대책을 소개했다.

당시 박영선 중소벤처기업부 장관 등과 동행해 남대문시장 상인회 대표들을 만나고 어묵, 떡, 고려인삼 등을 온누리상품권으로 구매했다. 오찬 간담회에서는 참석한 시장 상인 대표 7명으로부터 애로사항을 들

문재인 전 대통령이 김정숙 여사와
지난 2021년 인천 남동구 소래포구 어시장을 찾아 상인과 대화하고 있다.
대통령기록관 제공

고 정부가 적극적으로 대응하겠다고 약속했다. 이후 코로나19가 급속하게 확산되자 비공개로 전통시장을 찾은 뒤 SNS에 공개하기도 했다. 문 전 대통령은 김정숙 여사와 2020년 9월 서울 홍은동 전통시장을 찾아 추석 명절 준비를 하기도 했다. 그는 당시 페이스북을 통해 "오늘 아내와 함께 재래시장을 다녀왔습니다. 청와대 들어오기 전에 다녔던 시장입니다. 방역과 경제를 함께 지켜내면서 새롭게 시작하는 추석이 되길 기대합니다"라는 메시지를 전했다.

박근혜, 중요 순간마다 서문시장 찾아

박근혜 전 대통령은 지난 2016년 12월 1일 화재로 고통을 겪은 대구 서문시장을 방문했다. 당시 서문시장은 하루 전 화재가 발생해 점포 600여 곳이 잿더미가 된 상태였다. 대구가 정치적 고향인 박 전 대통령은 화재 현장을 살피고 상인회장에게 피해 상황을 들었다. 서문시장은 박 전 대통령이 정치적 고비 때마다 방문한 곳이다. 2012년 대선 직전에도 찾아 지지세를 과시했다. 2016년 당시에도 시민들은 "박근혜"를 외치고 박수와 환호를 보냈다.

박근혜 전 대통령이
지난 2013년 경기도 용인시 중앙시장을
방문해 장을 보고 있다.
문화체육관광부 제공

앞서 2014년 7월 박 전 대통령 정치 인생 최대 위기였던 세월호 참사 직후에는 충북 청주에 있는 서문시장을 방문했다. 같은 이름의 다른 시장이다. 참사 직후 첫 민생경제 챙기기 행보로 지역 전통시장을 선택했다. 삼겹살 특화 거리가 있는 청주 서문시장을 찾아 상인들과 대화하고 시장을 둘러봤다. 박 전 대통령은 상인회 사무실에서 상인회장 등과 환담을 하면서 전통시장 활성화를 위한 지원에 힘쓰겠다고 말했다.

박 전 대통령이 퇴임 후 외부활동을 재개한 첫 장소도 전통시장이었다. 박 전 대통령은 2023년 9월 25일 대구 달성군 현풍시장을 찾아 상인들과 만났다. 박 전 대통령은 "오래전에 오려고 했는데 늦어졌다. 추석이 가까워서 장도 보고 주민들도 볼 겸 찾았다"고 말했다.

대형 마트 의무휴업제 도입한 이명박

이명박 전 대통령은 재임 시기인 지난 2012년 대형 마트 의무휴업제도를 도입했다. 당시 골목상권과 전통시장을 보호하기 위한 강력한 조치로 대형 마트 영업이 제한됐다. 이 전 대통령이 기업인 출신이고 시장 친화적인 대통령이었던 점을 감안하면 이례적인 정책이었다.

그만큼 이 전 대통령은 전통시장 보호를 일찍부터 강조했다. 대선 후

이명박 전 대통령이 지난 2008년 서울 광진구 자양시장을 찾아 상인이 건네는 떡을 먹고 있다.
대통령기록관 제공

보 시절 TV 광고물에 전통시장에서 국밥을 먹는 장면을 넣어 이목을 끌기도 했다. 이명박 전 대통령은 설날 연휴 직전인 지난 2010년 2월 12일 서울 광장시장을 찾아 상인들을 격려했다. 그는 전통시장 상품권으로 조기와 물건을 직접 구입하고 한복가게도 찾았다. 또 분식집에 들러 떡볶이를 먹던 대학생들과 대화를 나누기도 했다. 취업이 힘들다는 학생들과 덕담을 나눴다. 당시 시장 방문은 대통령에 당선되면 다시 찾겠다는 후보 시절 약속을 지키기 위해서였다.

상인들과 소주잔 기울인 노무현

고(故) 노무현 전 대통령은 지난 2004년 3월 5일 취임 이후 처음 방문한 전통시장에서 소주잔을 들었다. 노 전 대통령은 이날 서울 성북구 길음시장을 방문해 상인들과 간담회를 가졌는데, 자신 앞 테이블에 놓인 주스를 보고는 "이것 말고 소주 한 잔 주세요. 반 잔만 받겠습니다"라고 청한 뒤 상인들과 격의 없는 대화를 나눴다. 그는 "건의사항은 나

고(故) 노무현 전 대통령이 지난 2004년 서울 성북구 길음시장을 찾아 상인들과 건배하고 있다. 대통령기록관 제공

중에 글로 하고 오늘은 한잔합시다"라며 격식을 내려놨다.

노 전 대통령은 이 자리에서 환경개선사업 과정에서 건축법 기준과 민간 부담 등에 대한 건의를 듣고 융통성 있는 방향으로 할 것이라며 행정법규를 하나하나 점검해 현실에 맞게 규제를 완화하겠다는 뜻을 밝혔다. 그러면서도 "소상공인들과 자영업자들이 새로운 물결에 동참해 혜택을 받게 해야 하며 소상공인들이 인터넷 상거래에 편입할 수 있도록 정부가 노력할 것"이라고 전자상거래 시대가 열린 것에 대한 정확한 진단을 내렸다.

외환위기 사태로 침울한 상인들 위로한 김대중

고(故) 김대중 전 대통령은 지난 1999년 9월 9일 서울 남대문시장을 찾아 상인들을 만났다. 김 전 대통령은 시장 곳곳을 누비며 상인들에게 연신 "경기가 좋아졌느냐"고 묻고 "경기가 많이 좋아질 것이다. 정부도 열심히 노력할 테니 여러분도 열심히 장사를 하라"며 격려와 위로를 아끼지 않았다. 당시 1997년 시작된 외환위기로 국제통화기금(IMF)에 구제금융을 신청한 뒤 국가부도 사태에서 벗어나기 위해 강도 높은 구조조정과 고금리 등 우리나라 역사상 가장 고통스러운 경제 상황을 겪던 때였다. 김 전 대통령은 이런 상황에 상인들의 고통을 위로하기 위해 연신 "경기가 좋아질 것"이라고 강조했다. IMF 사태는 2001년에야 공식 종료됐다.

고(故) 김대중 전 대통령과 이희호 여사가
지난 2002년 2월 8일
서울 중랑구 우림시장을 찾아
길거리에 서서 음식을 먹고 있다.
문화체육관광부 제공

Part 3

호남권

태조 이성계 품은
민중 장터

전주 남부시장

우리나라 최초의 민중 장터는 전라북도 나주와 전주 인근에 개설된 것으로 전해진다. 조선 성종 원년(1470) 시기에 전라도 나주 지역에서 백성들이 스스로 모여 장문(場門)이라는 장터를 열고 물건을 교환하면서 흉년을 넘긴 것이 기원이 됐다. 하지만 조선의 관리들은 농업을 기본으로 하는 나라에 이롭지 못한 것으로 판단하고 민초들의 장터 개설을 금지하기도 했다.

『성종실록』에는 조선 최초 민중 장터에 대한 금지령 기록이 남았다.

"도내 여러 고을에서 장문이라 하여 매달 두 번씩 거리에 모여듭니다. 비록 있는 것으로 없는 것을 바꾼다 하나, 본업(농사)을 버리고 상업을 좇는 것이며, 물가가 뛰어오릅니다. 이익이 적고 해가 많아 이미 여러 고을에 금지하였습니다. 청컨대 다시 관찰사에게 더욱 엄히 금하게 하소서."

임금의 금지령에도 불구하고 훗날 전주 인근에선 활발한 상업 활동

전주 남부시장에서 한 상인이 전통 먹거리를 요리하고 있다.

이 이어졌다. 조선 제일의 곡창지대인 전라도 지역의 농경제 중심지였던 전주 부성 4대문 밖에 모두 장이 섰다. 그중 남문장과 서문장이 가장 큰 장이었다. 전주 부성에서 멀리 떨어진 외곽에도 소양장, 봉동장, 삼례장 등 7개 정도의 장이 열렸다. 전주 부성 밖의 장 4곳과 합하면 전주에 대략 11개의 장이 열렸다. 전주 일원에서 거의 매일 장이 열렸을 것으로 추정된다. 조선 정조 시기에 실시한 호구조사에서 전주는 한양, 평양에 이어 전국에서 세 번째로 큰 성곽이었다. 전주가 조선 시대 시장경제를 대표하는 도시였던 셈이다.

전주 남부시장은 옛 남문장의 명맥을 이어오고 있다. 풍남문(전주성의 남문) 밖에 위치해서 남문장으로 불렸지만, 일제강점기인 1936년 시장이 대폭 개축되며 상설시장으로 남부시장이라는 명칭이 쓰였다. 당시 연간 시장 출입 인원이 186만 명에 달해 호남 최대 물류집산지로 위용을 떨쳤다.

이성계 어진을 만나러 가는 길목

전주 남부시장은 연간 1,000만 명이 찾는다는 전주한옥마을과 도로 하나(팔달로)를 사이에 두고 맞닿아 있다. 전주한옥마을은 서울 북촌이나 경주시, 안동시에 자리 잡은 한옥마을과 달리 대규모로 도심에 모여 있다.

마을이 100년이라는 상대적으로 짧은 시간에 형태를 갖췄기에 전주한옥마을의 한옥은 전통 한옥이 아닌 '도시형 한옥'이다. 도심 속에 터를 잡으면서 인근 시상과 상섬, 식당들과 공존하고 있다. 전주한옥마을의 중심축은 태조 이성계의 어진(왕의 초상화)을 모신 경기전이다. 경기라는 명칭은 조선 왕의 성씨인 전주 이씨의 발상지여서 '경사로운 곳'이라는 의미를 담고 있다.

경기전 동편에는 『조선왕조실록』을 보관하던 전주사고도 설립되었는데 임진왜란이 일어나 다른 3곳의 사고가 모두 소실되는 와중에 전주사고의 실록들은 극적으로 옮겨져 소실을 면하면서 조선 역사 자료를 지켜냈다.

태조 어진.
국가유산청 제공

173

전주 남부시장 옛 모습.
1980~90년대 추정.
전주시 제공

　조선 왕들의 초상화는 대부분 소멸되거나 사라졌지만, 태조 이성계의 어진은 전주한옥마을에서 원형 그대로 만나 볼 수 있다. 왕의 전신을 그린 어진은 태조 이성계의 어진이 유일하다. 태조 어진은 임진왜란 당시 묘향산, 병자호란 때는 무주 적상산, 정유재란 때는 서울 명륜당 그리고 동학농민운동 때는 위봉산성으로 옮겨 보존할 수 있었다. 다만 경기전에 있는 어진은 1872년(고종 9년)에 원본이 너무 오래되어 모사한 것이다. 원본은 어진박물관에서 보관하고 있다.

　이성계의 어진은 이마에 생긴 작은 혹까지 사실적으로 묘사했다. 또 색감이 훌륭한 청색의 곤룡포를 입고 있는 것이 눈에 띈다. 사극에서 봐왔던 왕들의 곤룡포가 대부분 붉은색인 것과 큰 차이가 있다. 훗날 숙종도 이를 궁금하게 여겨 신하들과 의논하기도 했던 것으로 전해진다. 고려 시대에 청색을 숭상했기 때문이라는 이야기가 있다. 중국과 사대관계를 맺기 전이어서 중국 황제로부터 붉은색 곤룡포를 받지 않았기 때문이라는 설도 있다. 어찌 됐든 이색 맛집과 상점들이 즐비한 전주한옥마을 한가운데에 태조 이성계의 어진이 자리한 것은 재미있는 일이다. 농업보다 상업을 천대한 조선 시대 초대 왕의 어진이 장터와 멀지 않은 곳에 모셔졌으니 말이다. 조선왕조의 유일한 후손도 전주한옥마을에서 거주 중이다. 고종의 손자이자 의친왕의 10남인 이석 왕손은 지난 2003년 전주로 내려와 한옥마을 승광재에 정착했다.

전주한옥마을을 둘러본 관광객은 자연스레 남부시장으로 건너가 비빔밥과 콩나물국밥 등 저렴하면서 맛도 좋은 지역 유명 음식을 먹는다. 성공적인 전통시장 사례로 꼽히는 전주 남부시장이지만 혼자 힘으로

태조 이성계의 어진을 모신 경기전이 위치한 전주한옥마을.
한국관광공사 제공

이룬 성과는 아니다. 바로 옆 한옥마을이 없었다면 현재 활발한 모습은 유지하기 힘들었을 것이다.

청년몰과 야시장 '구름 인파'

전주 남부시장은 맛과 멋의 고장인 전주 음식과 세계 각국의 음식을 격식 없이 맛볼 수 있다는 점에서 매력적이다. 주말이면 발 디딜 틈 없이 늘어선 인파 사이로 침샘을 자극하는 음식이 쉴 새 없이 만들어진다. 제대로 된 테이블이 없어 시장 안에 선 채로 음식을 먹어야 하지만 즐거움이 가득하다. 길게 늘어선 상점들 사이 호기심을 자극하는 음식을 찾으려는 마음에 모두 밝은 표정이다.

남부시장 건물 2층에는 청년몰이 들어서 있다. 지난 2011년 우리나라 최초로 문을 연 남부시장 청년몰은 큰 인기를 끌었다. 문화체육관광부가 주최한 '문전성시' 사업으로 조성된 곳이다. 당시 17명의 청년이 독창적 아이디어로 음식점, 공방, 놀이방, 카페 등을 열어 이윤 창출과 함께 새로운 문화를 만들었다.

전주 남부시장 청년몰 입구 계단.

다른 전통시장과 마찬가지로 1980년대를 기점으로 쇠락하기 시작한 시장은 과거 영광을 뒤로하고 빈 점포를 남겼다. 청년몰은 그렇게 버려진 시장 2층 점포에 들어섰다. 쓰레기장이나 다름없던 시장 2층을 새 단장하고 청년몰을 만들어 전국 명소로 자리 잡았다. 전주를 방문하는 관광객 대부분이 청년몰을 관광코스에 포함시켰다. 젊은이들이 모이자 기존 상인들에게도 자극을 줬고 방문객이 큰 폭으로 증가하는 성과를 이뤘다. 현재 800여 개 점포에서 1,200여 명의 상인이 시장을 지키고 있다. 남부시장 청년몰 성공은 전국으로 퍼져 전통시장 39곳(2021년 기준)에 청년몰이 생겼다.

남부시장을 끼고 흐르는 전주천 둔치에는 '도깨비시장'으로 불리는 독특한 장이 열린다. 동이 트기 전 장이 서고 날이 밝으면 사라진다고 해서 도깨비란 이름이 붙여졌다. 남부시장 건너편 매곡교와 싸전다리 사이 남쪽 인도와 하천부지에서 열린다. 다양한 상품과 신선한 식재료가 풍성해 아는 이들에게 인기다. 도깨비시장도 남부시장과 연결한 독특한 문화로 받아들여지며 대중의 관심을 끌고 있다.

줄어드는 전통시장 입지

전주 남부시장이 상대적으로 선방하고 있지만 고민이 없는 것은 아니다. 전자상거래가 시대 흐름이 된 상황에 전통시장이 가진 한계가 명확하기 때문이다.

남부시장 최고 자랑인 청년몰도 예전 같지 않다는 게 보편적 시각이다. 전국적으로도 39곳의 전통시장에 조성된 청년몰 매장 672곳(2021년 기준) 중 42%가 휴업하거나 폐업했다고 한다. 예산 투입에 비해 상권 활성화 효과가 없어 사업을 진행하지 않는 지역이 늘고 있다. 또 코로나19 여파로 기성세대까지 온라인 쇼핑을 시작하며 전통시장 입지는 더 줄었다. 대형 마트도 온라인 판매를 늘리는 전략을 쓰는 상황이다.

가격보다 편리함을 택하는 소비 패턴의 변화도 읽어야 한다. 이같이 전통시장을 둘러싼 사회적 상황이 좋지 않지만 타개 방법이 없는 것은 아니다. 전통시장을 문화 콘텐츠화해서 실용보다 감성을 자극하는 방향으로 선택할 수도 있다. 전주 남부시장 상인회 황상택 상무는 "소비 패턴이 바뀌고 있지만 전통시장만이 가진 소통 능력과 정을 나누는 문화로 타개하려 한다"고 말했다.

전주 남부시장.

동학농민운동의
흔적

완 주 삼 례 시 장

전북 완주 삼례읍에 '동학로'라는 도로가 있다. 삼례 지역은 동학농
민운동과 관련해 역사적 중요성이 있는 사건이 일어난 곳이라는 것을
보여준다.

1892년 11월 전라도 일대 동학 농민들이 모여 동학의 공인, 동학교
도에 대한 수탈을 금지해 줄 것을 전라감사에게 요청하는 삼례 집회가
개최됐다. 동학의 공인을 받지 못했지만, 동학교도에 대한 침탈을 금지
하겠다는 약속을 받아냄으로써 일정한 성과를 거두었다. 동학운동은
모든 사람이 곧 하늘이라는 인간 평등주의를 주장한다. 삼례 집회는 이
같은 인간 평등의 동학사상에 대한 나라의 승인을 요청한 사상 첫 '정
치 집회'였다.

해방 이후에도 민란으로 서술되던 것이 동학운동으로 인정받게 된 것
은 박정희 대통령의 영향이 컸다. 박정희 아버지인 박성빈은 조선 말기
에 무관을 지냈다. 하지만 세도 정치와 부패 정치에 환멸을 느껴 20대에

는 동학농민운동에 가담했다. 동학농민운동의 접주(지역 책임자)로 활동했다. 그러나 체포되어 처형 직전에 천운으로 사면됐다. 박정희는 동학운동에 가담했다가 간신히 살아남은 부친의 뜻을 살려, 난으로 불리던 동학을 '농민혁명'으로 승화시켰다. 우금치 동학혁명군 위령탑에는 박정희의 친필도 담겼다.

　동학도들은 항일운동도 전개했다. 1894년 9월, 일본이 노골적으로 조선 침략을 가시화하자 녹두장군 전봉준을 중심으로 의병 전쟁을 준비했다. 삼례에 대도소(大都所)를 설치하고, 전라감영을 비롯해 여러 곳에서 전쟁 수행에 필요한 군수품 등을 마련했다. 전봉준은 삼례에서 1개월 가까이 머물면서 농민군의 힘을 키웠다. 이와 함께 동학 교단과 연락을 취하면서 전면적인 의병 전쟁에 나아간다. 삼례에서 준비를 마친 동학농민군은 서울을 향해 출발했다. 이를 '삼례기포(參禮起包)'라 부

전북 완주군 삼례읍에 집결했던 동학농민군을 기리기 위한 삼례 봉기 역사광장.
완주군 제공

른다. 삼례기포 이후에 일어난 동학농민운동을 2차 동학농민운동이라 한다.

1894년 5월에 동학농민군이 전주성을 점령하고 농성할 당시, 전라감사를 비롯해 정부가 파견한 고위 관리들이 머물면서 동학농민군 진압을 모색한 곳도 바로 삼례였다. 그 당시 삼례에는 전신국이 설치되어 있어서 중앙정부와 수시로 연락을 주고받을 수 있었다. 일본군 자료에 따르면 그 당시 삼례 사람 모두가 동학교도였고, 삼례는 동학농민군이 최후 항쟁을 벌이기 위해 총집결할 장소로 예상됐다.

이에 따라 일본군은 삼례를 포위해 공격할 계획을 세웠다. 1894년 당시 삼례에는 100여 호 인구가 살았으며, 역참(驛站)이 있는 교통의 중심지였던 까닭에 주막 등 여행객을 위한 편의시설이 발달해 있었다. 공주 우금치 전투 이후 남하하던 동학농민군이 거쳐 간 곳이다. 삼례 지역은 동학농민군이 추구했던 보국안민과 척왜양이 평화운동을 구체적으로 실천하고자 했던 상징적인 장소로 평가받고 있다.

전북권 교통요지로 역참 주변에 시장 발달

이처럼 삼례가 동학운동과 깊은 인연을 맺은 것은 교통의 요지였기 때문이다. 삼례읍은 전주와 익산을 잇는 지역이며 두 도시 시내버스의 종점이기도 할 정도의 교통 요지다. 애당초 조선 시대에 삼례에 있었던 삼례역은 주변 역들을 통괄하는 찰방역으로 기능했으며, 조선 시대 간선도로인 제주로와 통영로가 만나는 분기점이기도 할 정도로 전라도의 북쪽 관문으로 기능했던 곳이기도 하다. 동학 삼례 집회가 열린 것도 이 같은 교통 요지였던 것이 도움이 됐다.

전북 완주에 있는 삼례시장.

　교통 요지인 삼례읍의 역사는 고려 시대로 올라간다. 당시 삼례에는 말을 바꿔 타는 역참이 있었고 그 주변으로 시장이 발달했다. 조선 시대에 관의 말들이 쉬거나 바꿔 타는 곳을 역참, 검문소 역할을 하는 곳을 도찰방이라고 했다. 완주 삼례에는 삼례 도찰방이 있었다. 그만큼 삼례는 교통 요지였고 여행객들의 발길이 머무는 곳이었다. 장터가 들어서기에는 천혜의 지역인 셈이다.

　조선 시대부터 삼례역은 주변 역들을 통괄하는 기능을 했다. 조선 시대 간선도로들이 만나는 분기점이고, 전라도 북쪽 관문 기능을 했던 곳이다. 현재 익산역과 익산JC가 전북에서 가지고 있는 위상과 비슷했을 것으로 추정된다.

　삼례읍은 완주군 3읍 10면 중 하나다. 과거 전주군 지역으로 오백저면이라 불리다 1895년 창덕면이 됐다. 1914년 군면 폐합에 따라 삼례면이라 했고, 1956년 읍으로 승격된 뒤 1973년 일부 지역을 편입해 현재에 이르렀다.

삼례에서 가장 유명한 공간은 삼례시장과 더불어 삼례문화예술촌이 꼽힌다. 일제강점기 호남지방 수탈 아픔이 담긴 역사적 의미를 지닌 곳이다. 옛 삼례역과 군산역을 통해 일본으로 양곡을 반출할 목적으로 만들어진 대규모 곡물창고였다. 해방 이후 2010년까지 농협 저장고로 사용되다가 완주군이 일대를 매입한 뒤 2013년 미술 전시, 공연예술, 문화체험, 교육 공간으로 재탄생했다.

1920년대 지어진 양곡 적재를 위한 목조건물 양식과 흔적이 보존되어 있어 예술촌 내부 건축물이 등록문화재로 지정됐고, 전라북도 대표 관광지로 선정됐다. 각종 전시회와 다채로운 문화공연, 세미나 개최 등 역사와 미래가 공존하는 예술마을이기에 방문객의 발길이 이어지는 곳이다.

삼례시장은 최근 경기침체 여파로 예전만큼 활발하지 못하다. 다만 단골손님과 5일장이 있어 그나마 괜찮다는 게 상인들의 설명이다. 삼례시장 시설은 완주군이 운영한다. 48개 시장 점포와 12개 청년몰 점포가 들어섰다. 상인들은 상점을 임대해 월세를 내고 장사하는 시스템이다. 점포마다 차이가 있지만 월세가 크게 부담스럽지 않다는 상인들 전언이다.

시장 활성화에 5일장이 큰 도움

삼례시장 터는 전주시와 익산시, 완주군이 만나는 지점에 있어 예로부터 많은 사람이 오갔다. 특히 5일장이 열리는 날(3일과 8일)이면 각

지역에서 발길이 몰린다. 공설시장과 정기시장을 병행하는 시장의 형태를 갖췄다. 현재도 평일은 손님이 뜸하지만 5일장이 열리면 각지에서 상인과 소비자가 몰려 활발한 풍경을 만든다.

삼례시장의 명물은 생닭이다. 다른 시장에서 닭집은 특유의 냄새 때문에 시장 안쪽에 자리 잡는 경우가 많은데 삼례시장은 초입에 닭집이 있다. 닭으로는 국내에서 가장 유명한 하림 본사가 익산에 있는 것을 떠올리면 삼례시장의 생닭이 유명한 것을 이해하기 쉽다.

박옥희 삼례시장 상인회장은 "코로나19 사태 이전과 비교하면 말할 수 없을 정도로 장사가 안 된다. 많은 상인들이 단골손님과 5일장으로 버티고 있다"며 "완주군이 많은 도움을 주고 있어 다행이다. 전통시장을 문화 차원의 공간으로 보고 사람들이 찾아오면 좋겠다"고 말했다.

삼례시장은 지방정부 차원에서 적극적인 지원이 이어지고 있다. 시설 현대화사업과 주차장 조성, 상설무대 설치 등 소비자 발길을 잡고 전통시장 명맥을 잇기 위한 노력이 지속되고 있다.

삼례시장은 지난 2018년 7월 새롭게 태어났다. 1964년 완주군 공설시장으로 건립된 삼례시장은 그동안 시설 노후로 인한 붕괴 위험과 안전 문제로 상인 이탈과 소비자 외면 현상이 이어졌다. 완주군은 1995년 침체된 삼례시장 상권 회복과 경제 중심축 재건을 위해 시장 재건축을 결정하고, 시장 상인과 주민 의견을 물어 옛 전통시장 부지에 시설물 재건축을 추진했다. 이후 2014년 사업비 97억 원을 투입해 지상 2층 연면적 2,773㎡ 규모 시설을 조성했다. 시장은 말끔한 모습을 갖췄고 상인 휴게공간과 소비자 편의시설 등을 마련했다. 삼례시장은 화재 안전망 구축을 위한 자율소방대를 구성하고 있다. 전통시장에서 우려되는

전북 완주 삼례시장 청년몰에 내걸린 문구가 눈길을 사로잡는다.
마치 동학농민운동의 구호처럼 느껴진다.

화재 안전관리를 위해 소방당국과 상인들이 힘을 모아 대처하는 것이다. 자율소방대 활동으로 실질적인 화재 예방과 대응 활동을 강화해 안전한 전통시장을 구현하기 위한 조치다.

최근에는 시장 앞 광장에 상설무대를 설치해 문화공연을 유도하고 있다. 온라인 전자상거래가 활발해지며 오프라인에서는 대형 마트도 경영난을 호소하는 시기다. 전통시장이 방문객 편의를 중요시하지 않으면 고객의 외면을 받을 수밖에 없다. 최근 삼례시장은 야밤 페스티벌을 개최했다. 완주군과 소상공인진흥공단 지원으로 진행한 이 행사는 시장을 알리고 지역 주민과 소통하는 자리를 마련하기 위해 계획됐다. 가맥 파티와 먹거리장터, 플리 마켓, 가수 공연, 경품추첨 등이 이어졌다. 매년 시장 활성화를 위해 다양한 행사를 기획하고 추진하는 삼례시장은 광장 조성사업을 완료해 무대와 아케이드를 설치했고 최근에는 시장가요제를 치르기도 했다.

완주 삼례시장.

전통시장의 활력 청년몰

2014년부터 시설 현대화 사업을 여러 건 추진한 끝에 청년창업 공간을 조성함으로써 그 종지부를 찍었다. 삼례시장 2층에 2019년 청년몰을 개설한 것이다. 침체된 전통시장에 청년들이 활기를 불어넣어 줄 것을 기대하고 추진한 사업이다. 전북지방중소벤처기업청과 완주군은 시장 2층 유휴공간에 311평 규모 청년몰을 만들었다. 청년몰은 식음료 점포, 공예, 일반스토어, 공용점포 등으로 구성됐다. 콘서트홀과 북카페형 휴게공간 등도 갖춰 고객 편의성을 높였다.

삼례시장 청년 상인들은 청년몰 이름을 '삼삼오오'라 지었다. 청년들의 도전정신과 아이디어가 시장에 긍정적인 영향을 미칠 것으로 기대

되지만 아직은 실험이 진행되는 중이다. 청년몰 사업자들은 시작부터 전통시장이라는 입지적 악조건을 안고 시작하는 만큼 사업 초기 실패를 경험하는 경우가 많아 주의가 요구된다.

하지만 삼례시장은 두드러진 장점이 많다. 인근에 삼례문화예술촌과 우석대학교가 있어 젊은 층 고객 유입이 용이하다. 공설시장이라 임대료가 저렴하고 인근에 대학교와 주택가가 있어 시장 상황은 좋은 편이다. 무엇보다 기존 상인들과 조화가 청년몰 성공 주요 포인트다. 청장년 상인이 뭉쳐 경험과 참신함을 공유하며 고객의 관심을 끌면 시너지 효과를 기대할 수 있다.

마한과
백제 무왕의 숨결

익산 북부시장

전북 익산은 고대 마한의 도읍지가 있던 곳이다. 서동요 설화의 주인공인 백제 무왕의 궁궐이 있던 곳이기도 해 상거래가 수천 년 전부터 활발했을 것으로 추정된다. 후백제를 세운 견훤 이야기가 전해지기도 한다. 익산이 오래도록 백제 문화권 도읍지가 될 수 있었던 것은 지리적으로 풍요롭고 교통이 편리했기 때문이다.

익산은 전주와 김제, 군산, 완주 중심에 있어 어디서든 차로 20~30분이면 닿을 수 있다. 익산의 채소와 과일, 군산에서 생산되는 수산물을 자연스레 구입할 수 있는 기회가 만들어진다. 호남평야 중심에 있어 농사를 짓는 농가도 많다. 농가에서 재배한 다양하고 신선한 농산물을 저렴하게 살 수 있어 많은 이들의 발길이 이어진다. 만경강을 중심으로 형성된 만경평야가 넓게 펼쳐져 있어 굴지의 곡창지대였다.

마한 땅이었던 익산은 백제에 병합돼 금마저로 불리다가 신라 때 금마가 됐다. 고려 때 익주가에서 조선 시대에 익산으로 개칭이 돼 현재

익산 미륵사지 석탑.
국가유산청 제공

까지 불리고 있다. 중간에 1949년 이리시로 개편됐지만 1995년 이리시
와 익산군이 통합되며 다시 익산시가 됐다. 이 과정에서 이리장으로 불
리던 시장이 익산장으로 불리게 됐다. 익산장은 지리적 특성과 교통망
확보로 성장할 수 있었다.

전국 3대 5일장으로 꼽히기도

시장에 대한 기록이 남아 있는 조선 시대 후기에 편찬된 『동국문헌
비고』(1770)를 보면 당시 익산에 모두 6곳에서 장이 서고 있었음을 알
수 있다. 장터가 활발했던 익산에서 근래에는 대규모 5일장도 열린다.
매월 4와 9가 들어가는 날 5일장이 열린다. 정확한 유래는 찾기 어렵
다. 여러 문헌과 전례를 통해 그 역사가 깊다는 것만 짐작할 수 있다.
혹자는 익산장을 경기도 모란장, 강원도 북평장과 함께 전국 3대 5일장

으로 꼽기도 한다. 상설시장인 익산 북부시장을 중심으로 익산장이 열린다. 상인들은 북부시장이나 익산장에만 속하기도 하고, 두 곳 모두에서 장사하는 상인도 있다.

익산 북부시장은 익산시청 인근에 자리를 잡았다. 104개 점포와 30여 개 노점에서 농수산물 등이 유통된다. 1975년 상설시장으로 문을 열었다. 익산장이 열리는 날이면 노점은 2,000여 개로 늘어난다. 18세기 익산에 개설된 시장은 익산 읍내장(2, 7일), 회화장(5, 10일), 용안난포장(2, 7일), 함열 읍내장(3, 8일), 황등장(5, 10일), 여산 읍내장(1, 6일) 등이었다.

이들 시장은 일제강점기에 들어서도 큰 변화 없이 장이 열렸다. 익산의 중심 시장이 된 이리장(훗날 익산장)은 익산면 이리에 있었고 장날은 4, 9일이었다. 시장의 면적은 3만㎡로 당시 이리장은 11구획으로 나누어져 있고, 직사각형 형태의 장옥이 세워져 있었다. 11개의 구획을 살

전북 익산 북부시장에서 5일장인 익산장이 열린 가운데
장맛비에도 소비자들이 시장을 찾아 물건을 구입하고 있다.

펴보면 제1 우시장, 제2 미곡시장, 제3 조금시장, 제4 도기시장, 제5 어시장, 제6 육류시장, 제7 해산시장, 제8 포목시장, 제9 채소 및 철물시장, 제10 잡화시장, 제11 목재시장이었다.

『조선의 시장』(1941)에 따르면 1923년 이리장 연 거래액은 65만 6,000원이었다. 또한 이리장에 나온 상인들은 거간 및 중간상인이 130명, 소매상이 750명이었다. 1925년에는 여전히 11개의 구획으로 나뉘어 장이 섰고 상인이 880명, 시장을 찾은 고객이 3,000명 정도였다. 1930년대 말에는 연 거래액이 87만 7,549원으로 늘어난다. 같은 지역 금마장 34만 9,400원, 황등장 24만 9,850원, 함열장 15만 9,556원 대비 3~4배 큰 규모다.

솔리치킨, 깻잎 순대, 황등 비빔밥 등 별미

익산 시장에서 가장 유명한 음식은 솔리치킨이다. 솔리치킨은 전국적인 명성을 얻어 현재 익산뿐만 아니라 다른 지역에서도 맛볼 수 있다. 솔리치킨 특징은 18가지 천연 양념으로 닭을 숙성시키고, 가마솥으로 튀겨 내는데, 검은깨가 곳곳에 박혀 있어 바삭한 느낌을 준다는 것이다.

또 다른 인기 먹거리는 짜장면과 호떡이다. 장날에만 문을 여는 짜장면집은 40여 년에 이르는 오랜 전통을 자랑한다. 짜장면 가게 옆에는 고소하고 바삭한 느낌을 주는 광주호떡집이 있어서 많은 사람들이 몰린다. 깻잎 순대와 오징어 입 볶음도 시장에서 유명한 먹거리다.

익산시장에서 가까운 황등시장에는 전국 3대 비빔밥으로 손꼽히는 황등 비빔밥을 먹을 수 있다. 황등 비빔밥은 육회비빔밥으로 일제강점

전북 익산 북부시장 상점 골목.

기인 1935년부터 시작된 오래된 음식이다. 밥 위에 콩나물을 넣고, 진한 사골을 부어 국물이 밥에 배면 고추장을 넣고 비빈다. 여기에 여러 재료를 넣어 양념한 육회와 깨소금, 참기름을 둘러 먹는다.

익산시장에서 배를 채운 뒤 찾을 만한 주변 익산 관광지는 단연 세계유산으로 지정된 백제 역사유적지구다. 미륵사지와 왕궁리 유적을 이곳에서 만날 수 있다. 왕궁리 유적은 선화 공주의 이야기로 유명한 백제 무왕 때 조성된 왕궁의 유적이다.

미륵사는 백제의 무왕이 선화공주와 함께 미륵산(과거 용화산) 사자사의 지명법사를 찾아가다가 연못 속에서 미륵 삼존이 출현한 것을 계기로 세운 절이다. 백제가 국력을 키우기 위해 마한 지역의 중심이던 곳에 미륵사를 세웠을 것이라는 주장도 있다. 이 때문에 미륵사는 백제의 과학 기술이 총동원되어 세워졌을 것으로 추정된다. 익산 미륵사지 석탑은 국보 제11호로 높이 14.24미터로 국내에서 가장 높은 석탑이다. 석탑은 붕괴되어 6층까지 남아 있는데, 본래는 9층 석탑이었을 것으로 추정된다.

서동(무왕)의 설화가 전하는 익산에서는 익산 서동축제를 개최하고 있다. 1968년 마한 민속제전에서 유래한 익산의 대표적인 축제이다. 또 다른 축제로 익산 보석대축제를 꼽을 수 있다. 보석대축제는 4월과 9월에 개최되는데 국내에서 유일한 귀금속 신상품 전시회이며 세계 수준의 규모를 자랑하는 축제다.

익산 북부시장.

193

없는 것 빼고 다 있는
호남 최대 시장

광주 말바우시장

호남 최대 시장인 광주광역시 말바우시장은 독특한 시장 명칭의 유래가 눈길을 끈다. 두 가지 속설이 있는데, 그중 하나는 임진왜란 당시 의병장이었던 광주 출신 김덕령 장군과의 연관설이다. 말바우시장 터가 김덕령 장군이 말을 타고 훈련할 때 도착한 장소였다는 것이다. 김덕령 장군은 신용(神勇)이 있어, 전설적인 이야기가 많다.

의병장 김덕령과 연관된 전설

김덕령 장군의 말이 바위 위로 힘껏 발굽을 내디뎌 말발굽 모양으로 움푹 패어 말바위(전라도 말로는 말바우)라고 불리는 곳 주변에 시장이 형성됐다는 설이다. 안타깝게도 유래가 됐던 말바위는 도시개발 과정에서 없어진 것으로 전해진다.

김덕령 장군은 또 다른 의병장 곽재우 장군과 활약이 대단했지만, 반란군과 내통했다는 모함을 받아 고문으로 1596년 옥사했다. 당시 조정

194

은 이순신 장군을 1597년 백의종군 시키는 등 혼란을 거듭했다. 김덕령 장군은 오랜 세월이 지난 뒤인 1661년에야 관작이 복구되고, 1668년 병조참의에 추증되는 등 명예를 회복했다.

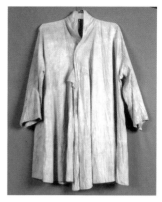

김덕령 장군의 묘에서 발굴된 의복.
한국학중앙연구원 제공

지난 1965년 광주광역시 무등산에 있던 김덕령 장군의 묘를 이장할 때 관과 장군이 입었던 옷들이 썩지 않은 채로 출토돼 온 세상이 깜짝 놀라기도 했다. 장군이 자신의 죽음의 억울함을 썩지 않은 의복으로 알리고 싶어 한 것이 아니냐는 이야기가 전해진다. 유물들은 문화재로 보존돼 현재까지 공개되고 있다. 광주를 상징하는 대표 거리인 충장로는 김덕령 장군의 시호 '충장(忠壯)'에서 따올 만큼 지역에서 자부심이 여전히 크다.

또 다른 유래는 말바우시장 앞으로 가로지르는 동문대로가 확장되기 전 말처럼 생긴 큰 바위가 있었다는 설이다. 동문대로는 광주시 북구 풍향동 서방사거리에서 망월동을 잇는 도로로, 광주시와 전남 동부권을 연결한다. 아이들이 바위에 걸터앉아 말 타는 시늉을 하며 놀았다고 해서 말바위라 불렸으며 그 주변에 시장이 형성돼 말바우시장이 됐다는 설이다.

다양한 유래를 지닌 말바우시장은 현재 단일 시장으로는 호남 최대 규모인 511개 점포가 입점해 있는 광주지역 대표 시장으로 성장했다. 말에서 유래된 시장 이름 덕분인지 현재 말바우시장의 제3주차장이 들어선 곳은 시장의 모태가 됐던 옛 동신운전학원 자리였다. 말 타는 놀

말바우 시장 입구.

이를 하는 바위가 있었다는 유래와도 잘 어울린다.

박창순 상인회장은 "말바우시장은 지난 1970년대 동신자동차운전학원을 둘러싼 700~800미터의 길에 들어선 불법 노점상에서 시작됐다"면서 "당시 북구지역에서 가장 규모가 컸던 서방시장의 임대료가 계속오르면서 이를 감당하지 못하거나 아예 시장에 점포를 얻기조차 힘든상인들이 속속 모여들면서 자연스럽게 시장이 생겨났다"고 설명했다. 이후 말바우시장은 경륜과 경험이 풍부한 상인들을 중심으로 양질의 상품을 저가로 공급하면서 성장을 거듭했고 마침내 20여 년 만인 1995년부터 매출액이 서방시장을 앞질렀다고 한다. 이어 지난 2005년 정부지원이 가능한 '인정시장'으로 등록되면서 매출이 2~3배 증가하는 등

말바우시장에는 1주차장(76면) · 2주차장(48면) · 3주차장(268면) 등
총 392면의 주차공간이 있어 부족함이 없는데, 특히 제3주차장(사진)은
시장 한복판에 위치해 시장 곳곳에서 장을 보고 난 후 10분이면 도착할 수 있다.

2008년부터 현재까지 국비와 시비, 구비 등 총 370억 원이 투입되면서 전성기를 누리고 있다.

이 과정에서 시장 상인들이 바로 시장에 인접해 있는 주택가 거주 주민들의 신뢰를 얻기 위해 '시장상인 자체 봉사단'을 운영하는 등 주민들과 소통에 힘쓴 것도 한몫했다. 상인들은 시장 주변 청소는 물론 소음, 악취, 쓰레기 투기 등 주민들의 민원을 신속히 해결하려고 총력을 기울였다. 또 1999년에는 상인회를 구성해 상인 복지 증진과 시장기능 활성화에도 매진했다.

직접 재배한 채소 파는 '할머니 골목'

말바우시장의 11개에 달하는 출입구를 통해 시장을 이용하는 사람은 장날의 경우 2만 5,000명, 장이 서지 않는 날 상설점포 이용객 5,000명 등 연간 500만~600만 명에 달한다.

시장 이용객은 60대 이상이 절반을 차지하고 있는 가운데 최근 시장 주변에 4,000여 세대 아파트가 들어서면서 30~40대도 유입되는 등 가족 단위 고객이 많이 늘고 있다. 연간 매출액은 약 1,000억 원으로 추산되며, 시장에서 일하는 사람은 상점 주인과 종업원을 포함해 2,500~3,000명에 이른다.

시장을 둘러보니 점포 수 기준 호남 최대 규모 시장답게 "없는 것 빼고 다 있다"라는 말이 실감 날 만큼 광주뿐만 아니라 인근 담양, 곡성, 장성, 화순, 순창 등에서 생산한 농수축산물을 비롯해 떡, 반찬·젓갈·어묵 등 식품, 건어물, 홍어, 장어, 생선, 굴비, 김치와 함께 의류, 신발, 모자, 이불, 각종 그릇, 화장품 등의 공산품이 펼쳐져 있었다. 특

호남 최대 511개 점포가 입점한 말바우시장 방문객은
장날의 경우 2만 5,000명 수준이며, 연간 500만~600만 명에 달한다.

히 할머니들이 직접 재배한 싱싱한 채소를 내다 판다고 해서 명명된
'할머니 골목'에선 수많은 할머니들이 소중히 키운 농산물을 팔고 있었
다. 김행범 북구청 시장지원팀장은 농번기 때는 할머니들이 적지만 많
을 때는 150~180명에 달한다고 귀띔했다.

더욱이 시장 곳곳에는 맛집이 위치해 어린아이부터 나이 든 어르신
까지 시장을 둘러보면서 시장할 겨를이 없을 정도다. 저렴한 가격에 팥
죽·동지죽·칼국수·냉면·콩물국수를 판매하는 '미성팥죽', 2만~3만

원짜리 싱싱한 활어회 안주에다 소주값이 2,000원에 불과해 대학생부터 나이 든 어르신까지 손님이 줄을 서는 '득량만횟집', 시장 입구에 서로 마주 보고 있는 돼지국밥집인 '자라봉국밥'과 '말바우국밥', 생고기 비빔밥과 갈비탕이 맛있는 '말바우주차장 구내식당' 등에는 손님들의 발걸음이 이어졌다.

곳곳에 맛집…아케이드 확대 등 편의 증진

다양한 종류의 빵과 과자를 저렴한 가격에 판매하는 '동신 빵 할인점'과 '버들베이커리', 각종 홍어요리를 앞세운 '전라도홍어 망월상회', 낚시로 잡은 갈치를 구이와 조림으로 제공하는 '방울식당'도 유명세를 치렀다. 수제 돈가스, 전통 과자, 찹쌀 꽈배기, 만두, 빈대떡, 전 등 다양한 간식 집과 1,000원 식당도 눈에 띄었고, 광주 대표 음식인 오리탕과 보리밥, 그리고 상추에 튀김을 싸 먹는 상추 튀김을 판매하는 상점도 성업 중이었다.

박 회장은 "말바우시장은 골목형 시장이다 보니 몇몇 전통시장처럼 유명 먹거리 골목을 조성해 특화하기 힘들지만, 시장 곳곳에 먹거리가 분산 배치돼 오히려 고객 만족도가 높다"면서 "일부 상점에선 가격이 싼 숭어를 무한 리필해 주는가 하면 소주 1~2병을 공짜로 주기도 한다"고 말했다. 특히 말바우시장에는 방앗간이 무려 12곳에 달하는데, 저마다 장날에 단골손님이 찾아와 서로 안부를 확인하고 이런저런 소식을 전하는 커뮤니티 공간의 역할을 하고 있었다. 상인과 고객, 고객과 고객이 친구의 인연을 이어가고 있는 셈이다.

박 회장은 "시장이 번영을 이어가다 보니 가업을 계승하는 상가가

20% 이상으로 파악되고 있다"면서 "시장 청년회의 경우 40~50대 고학력자가 가업을 계승하기 위해 속속 들어오고 있고 앞으로도 꾸준히 늘어날 것으로 예상한다"고 밝혔다.

말바우시장은 시설 개선에도 힘써 비나 눈이 와도 편하게 장을 볼 수 있는 아케이드(비가림막)를 시장 주요 통로 4개 구간에 설치했다. 또 소방차가 다닐 수 있는 4미터 소방도로를 확보해 정기적으로 소방차 진입 훈련을 실시하는 등 화재 대비에 만전을 기하고 있다. 박 회장은 "백화점보다 주차가 편한 주차장 이용을 쉽게 하기 위해 진입로도 넓힐 예정"이라면서 "행정의 지원, 시장 구성원의 협조, 고객의 사랑 등 삼박자가 맞아떨어져 시장 발전이 지속되리라 기대한다"고 말했다.

광주 말바우시장.

201

역사로나 규모로나
호남 시장의 '맏형'

광주 양동시장

    광주광역시 서구 양동(良洞)에 위치한 양동시장은 110여 년의 역사를 지닌 광주 대표 전통시장이다. 시장을 처음 방문한 사람은 방대한 크기에 한 번 놀라고, 세상 모든 종류의 상품을 가져다 놓은 것 같은 막대한 물량에 두 번 놀란다.

    우리나라 전통시장이 조선 시대 5일장에서 비롯됐듯이 양동시장의 역사는 일제강점기였던 1910년 광주를 가로지르는 광주천 백사장에서 열렸던 5일장에서 시작됐다. 이후 '대광주계획'에 따라 하천 정비사업을 하기 위해 광주공원으로 옮겨졌다가 1940년 일제가 지금의 광주공원 현충탑 자리에 있던 신사(神社)의 주변을 정리한다는 명복으로 현재의 장소로 이전했다.

    양동시장이 호남 제일 시장으로 발돋움하기 시작한 것은 한국전쟁 이후라는 게 정설이다. 당시 광주 시내는 물론 송정리, 나주 남평, 담양, 장성 등 광주의 변방을 통할하는 중앙시장의 역할을 하면서 성장을 거듭했다.

특히 양동복개상가㈜가 1971년 시장 등록을 마친 데 이어 광주천을 복개해 2층 콘크리트 건물로 조성한 상가가 1972년 개설되고 인근 발산마을에는 전남지역에서 온 이주민들이 정착하면서 양동시장 일대는 광주 중심지 외곽의 생활권역이자 전남 최대 시장촌으로 자리 잡았다.

김용목 상인회장은 "일제 말기 전시동원령이 내려지면서 시장의 기능마저 통제돼 사실상 폐시 상태였으나, 해방과 동시에 광주시에 귀속돼 관영 5일 시장으로 새 출발했고, 1969년 광주시로부터 대지 1만 580.5㎡를 불하받아 민영시장인 양동시장㈜을 개설해 현재에 이르고 있다"고 설명했다. 그는 '양동'이라는 동네 명칭에 대해서도 "원래는 큰 샘이 있어 '샘물'이라 불렀고, 일제 때는 '천정(泉町)'이라 불렸으나, 해방 후인 1946년 일제의 잔영을 없애기 위해, 여러 직종의 드센 사람들이 모여 사는 장터라는 지역적 특성에 착안해 어질게 살라는 뜻으로 '양동(良洞)'이라 칭하게 됐다"고 소개했다.

광주 양동시장의 모태는 일제강점기였던
1910년부터 광주를 가로지르는
광주천 백사장에서 열렸던 5일장이다.
양동시장㈜ 상인회 제공

1950년대 양동시장에서 콩기름, 참기름,
들기름과 연료용 등으로 쓰이는 석유(등유)를
함께 팔고 있는 모습이 이채롭다.
양동시장㈜ 상인회 제공

이렇듯 양동시장은 도시의 성장과 함께 해방 후 귀국한 동포, 한국전쟁 난민, 1960~70년대 궁핍한 농촌을 떠나 도시로 옮긴 이주자에게 귀중한 생계 기반을 제공하는 삶의 터전이 됐다. 이곳 상인들은 1980년 5·18민주화운동 당시 가마솥을 걸고 밥을 지어 시민군에게 제공했던 것으로도 유명하다. 시장이 전성기를 구가했던 1980년대까지 양동시장은 지역 특산물로 결혼, 이사, 개업, 장례에 이르기까지 모든 애경사를 치를 수 있는 품목을 갖춰 집안의 대소사를 치르기 위해 반드시 들러야 하는 시장으로 통했다.

  양동시장과 복개상가는 이후 1990년대 광주 시가지 확대 및 고층 아파트 건립과 함께 백화점 시대가 도래하면서 정체기에 접어들었으나 수산시장과 닭전 길시장(2005), 건어물시장(2006), 산업용품시장(2008), 경열로시장(2012) 등이 잇따라 들어서면서 호남에서 가장 오래되고 규

양동시장은 1980년대까지 호남 제일 시장이라는 전성기를 구가하며
집안 대소사를 치르기 위해 반드시 들러야 하는 시장으로 통했다.
광주광역시 서구 제공

모가 큰 시장이라는 명성을 이어가고 있다. 대지면적은 8만 6,000㎡, 건물면적은 12만 3,000여㎡에 달한다. 현재 7개 시장에서 1,000여 개 점포가 영업 중인 가운데 1,700여 명의 상인이 종사하고 있다.

100여 개 점포에서 홍어 취급

양동수산시장은 지난 1960년대까지 우시장이었다가 1970년대 수산시장으로 변모했다. 전통시장의 맥을 이어가며 시장의 맏형 노릇을 하고 있는 양동시장㈜의 경우 홍어, 채소, 수산, 곡류 등을 다룬다. 특히 영업 중인 점포(238개)의 21%인 50개 점포가 전라도 대표 향토음식인 홍어를 전문적으로 취급하며 국내 최대 홍어 유통시장의 역할을 다하고 있다. 양동시장㈜의 홍어 전문점 및 주변 상가 홍어 전문점까지 합하면 양동시장에선 모두 100여 개 점포가 홍어를 다루고 있는 셈이다. 김 회장은 "홍어를 행사나 집안 대소사에서 메인 요리로 먹는 나라는 우리나라밖에 없다"면서 "양동시장이 우리나라에서 가장 많은 홍어를 유통하고 있는 만큼 우리나라를 넘어서 세계 최대 홍어 유통시장이라고 할 수 있다"고 우스개를 했다.

양동시장에서는 최상급인 서해 대청도에서 잡은 국내산 홍어를 필두로 그다음으로 치는 칠레산을 비롯해 아르헨티나산, 우루과이산, 러시아산, 미국산 등 전 세계에서 잡힌 모든 홍어가 거래되고 있다. 최상급인 국내산 홍어는 돼지고기로 비유하면 목살이나 삼겹살이고, 주로 행사장에서 쓰이는 최하급인 미국산 홍어는 뒷다리살이어서 가격도 5배 이상 차이가 나지만 양동시장에선 어느 상점에서나 믿고 구매하면 된다.

양동시장 내 7개 시장에선 100여 개 점포가 전라도 대표 향토음식인 홍어를
전문적으로 취급하며 국내 최대 홍어 유통시장 역할을 하고 있다.
상인회 제공

양동시장은 전통시장답게 홍어 전문점 외에도 야채(36곳), 한복(29곳), 수산(17곳), 의류(13곳), 침구류(8곳) 전문점이 들어서 있다. 고기를 사러 오는 사람들이 많아 식육점도 7곳에 이르고, 쌀과 잡곡을 파는 미곡점도 5곳에 달한다. "양동시장 참기름은 더 고소하다"는 입소문에 참기름 가게 4곳도 성업 중이다. 최근엔 젓갈이 듬뿍 들어간 파김치 등 전라도 김치를 맛보려는 출향인이나 타 지역민이 잇따르면서 반찬가게 3곳도 온·오프라인으로 손님을 맞고 있다. 양동복개상가에선 이불, 가구, 신발, 옷, 모자, 가방 등 공산품과 함께 100% 수공업 제품인 커튼을 판매한다. 전체 220여 개 점포 중 100여 개가 커튼 전문점으로, 대개 30~40년 경력을 지닌 장인들이 고객의 취향에 맞춰 싸고 좋은 제품을 맞춤 제작해 고객 만족도가 매우 높다. 전국 커튼시장에서 가장 큰 규모를 자랑한다.

'노무현국밥집' 찾는 정치인 발길

양동 닭전 길시장은 원래 우시장 주변으로 닭, 오리 등 작은 가축을 팔러 온 사람들이 몰린 닭집(닭전) 거리 입구에 형성된 시장을 기반으로 조성돼 지금도 닭과 오리 등을 판매하고 있다. 시장 입구에 위치한 통닭집은 닭발과 닭모래집을 함께 튀겨내 원래 유명했으나, 요리연구가 겸 사업가인 백종원 씨가 한 공중파 방송 프로그램에서 진행한 '3대 천왕-치킨 편'에 등장해 전국적으로 유명해져 미식가들의 발길이 끊이지 않는다. 매년 통닭과 맥주를 주제로 양동 통맥축제가 열린다.

양동건어물시장은 비수기 없이 연중 내내 다시마(4월), 마른 새우(5월), 멸치(6월부터 다음 해 3월까지), 자연산 미역(7월), 김(10월부터 다음 해 3월까지), 오징어(11월) 등 건어물을 판매한다. 산지 직거래를 통해 양질의 제품을 대형 마트보다 30~40% 저렴하게 판매해 대부분 상가에서 전국 각지의 단골을 25~30년씩 유지하고 있다. 지난해 전국 모든 전통시장을 대상으로 실시된 원산지 가격 표시 실명제 평가에서 전국 2위를 차지했다. 젊은 고객 유치를 위해 건어물과 맥주를 활용한 건맥축제 개최, '건물생심' 브랜드 상표 등록, 라이브 커머스 수시 진행, 소포장 상품 개발 및 판매 등을 추진하고 있다.

양동산업용품시장은 가정용 공구, 농기구, 산업현장에서 사용하는 기계 공구, 보일러, 컴프레서까지 산업용품을 전문적으로 취급하고 있다. 지난 1955년부터 현재 위치에서 자리를 잡고 영업을 해온 결과 모터, 공구, 전기 등 각 분야별 전문 기술자 120여 명이 전국 최고의 AS를 제공하며 "못 고치는 것이 없는 시장"으로 정평이 나 있다.

양동 경열로시장은 양동시장 인근 경열로 주변 상가와 노점상을 중심으로 형성된 시장으로 채소와 과일 등을 판매하고 있다. 이곳의 몇 몇 음식점은 돼지국밥을 비롯해 칼국수, 김밥, 떡볶이 등 다양한 음식을 팔며 분식점이라는 상호를 달고 있는데, 고(故) 노무현 전 대통령이 좋아했다는 돼지국밥을 파는 식당도 여전히 성업 중이다. 이 음식점은 지난 2002년 12월 14일 노무현 당시 새천년민주당 대통령 후보가 대선 5일 전에 시장을 방문했을 때 국밥을 남김없이 비웠다고 해 일명 '노무현국밥집'으로 알려졌는데, 이후 20년이 넘도록 잊을 만하면 정치인의 방문 소식이 전해져 온다.

민관이 합심해 '시장 살리기' 안간힘

광주광역시 서구는 중소벤처기업부 공모사업인 '전통시장 상권 활성화사업'을 유치해 지난 2019년부터 2024년까지 국비 40억 원 등 총 80억 원을 들여 7개 시장 일원에서 상권 환경 개선, 시장 자치거버넌스 육성 등을 추진하고 있다.

특히 먹거리, 볼거리, 즐길 거리가 있는 전통시장 조성으로 관광객유입에 주력하고 있다. 세대가 공감할 수 있는 참여형 축제인 야시장 운영, 시장 내 대표 먹거리 상가 육성 및 먹자골목 활성화를 위한 요리대회 개최, 다양한 시장 체험 프로그램 추진을 위한 거점 공간 운영, 상인 DJ를 통한 라디오 프로그램 운영이 대표적이다. 또 시장 성장동력확보를 위해 상인총회, 고객관리지원단, 상인대학원, 기자단 등을 운영하며 상인 리더 양성에도 힘을 쏟고 있다.

서구는 아울러 중소벤처기업부의 또 다른 공모사업인 '특성화시장육성사업'을 유치해 양동건어물시장을 문화관광형 시장으로 키워가고

광주광역시 서구는 100여년의 역사를 자랑하는 양동전통시장 고유의 맛과 멋을
모든 세대가 공유하고 즐길 수 있도록 매년 '양동통맥축제'를 개최해 호응을 얻고 있다.
광주광역시 서구 제공

있다. 또 시설 현대화사업을 통해 노후 전기시설 개선 등 안전시설을
확충하고 111면 규모의 공영주차장 조성, 양동 산업용품시장 고객지원
센터 건립, 양동 경열로시장 아케이드 구간에 증발냉방장치 설치 등도
추진하고 있다.

서구는 나아가 양동시장을 '서구 8경(만귀정, 금당산, 풍암호수, 서창들
녘 낙조, 용두동지석묘, 양동시장, 운천사마애여래좌상, 5·18 기념공원)' 중
6경으로 선정해 적극 홍보하고 있다.

'상인대학원' 교육으로 고객 믿음

상인들도 시장 활성화에 힘을 보태고 있다. 전체 상인의 50% 이상이
70~80대이지만, 이들은 '상인대학원' 교육을 통해 신선한 상품을 판매

하고, 반드시 원산지를 표시하며, 가격을 미리 고지하는 등 시장을 찾는 고객들에게 확실한 믿음을 주기 위해 노력하고 있다. 또 화장실 등 편의 시설을 문의하는 고객이나 자신이 판매하는 물건이 아닌 다른 상품을 찾는 고객에게 해당 상품을 판매하는 점포를 상세하게 알려주는 등 '내가 우리 시장 안내사'임을 자임하며 친절한 서비스를 제공하고 있다.

김용목 상인회장은 "새벽에는 지역 소상공인을 상대로 양질의 제품을 도매가로 싸게 팔고 주간에는 일반인을 대상으로 소량·소포장 판매로 좋은 상품을 선보이며 광주 대표 시장의 역할을 다하고 있다"면서 "소비자들이 선호하는 대형 매장이 들어설 수 있도록 정부나 지자체에서 건물 신축을 지원하는 등 시대에 맞는 전통시장 육성 정책을 바란다"고 말했다.

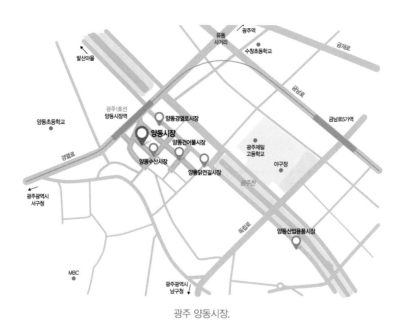

광주 양동시장.

스타벅스
입점한 장터

전통시장과 상생 꿈꾸는 대기업들

서울 동대문 경동시장에 둥지를 튼 스타벅스는 번화가에 들어서는 기존 스타벅스의 입점 공식을 완전히 무너뜨린, 소위 '반전 카페'다.

지난 2022년 12월 오픈한 '스타벅스 경동1960점'은 문을 닫은 지 오래된 경동극장 내부를 리모델링해서 조성했다. 옛 극장 내부 골격을 그대로 유지해 마치 영화 세트장과 같은 이색적인 공간으로 조성했다. 고전적이면서 세련된 매장 콘셉트로, 최근에는 외국인 관광객들에게도 입소문이 나면서 관광지가 되고 있다. 스타벅스 경동1960점은 일본에서 '서울 여행 때 꼭 가야 하는 핫 플레이스'로 선정됐다.

스타벅스 매장 입구 공간에는 LG전자가 조성한 각종 이벤트 매장들도 들어서 있다. LG 폐가전을 재활용한 굿즈를 판매하는 금성전파사가 볼거리다. 전통시장이 익숙지 않은 MZ세대와 스타벅스 자체가 낯선 경동시장의 주 소비층인 50~70대 모두에게 새로움을 안겨준다는 평가다.

경동시장의 변화는 스타벅스 입점에서 머물지 않았다. 온라인거래

'스타벅스 경동1960' 내부 전경.

'스타벅스 경동1960' 입구.

경동시장 신관 청년몰 옥상 4층에 조성된 푸드트럭 야시장.
서울시 제공

와 대형 마트들이 활성화되면서 정부와 대기업까지 경동시장의 혁신에 나서면서 새로운 바람이 불고 있다.

경동시장의 옥상 주차장을 푸드트럭이 들어선 야시장으로 개조했다. 이마트 노브랜드 매장, 청년몰도 함께 입점했다. 고위 정부 인사들도 경동 루프탑 야시장을 찾아 청년 상인들과 '치맥'을 함께하는 등 규제 개선에 돌입했다.

도심 속 전통시장 옥상 주차장에서 푸드트럭 야시장이 열리는 것은 경동시장이 전국 최초다. 그동안 야시장에서 빠질 수 없는 푸드트럭이 영업할 수 있는 장소는 공공기관 소유 시설, 공영주차장 등으로 한정돼 있었다. 과거에는 전통시장 주차장이라도 공영주차장일 때만 푸드트럭 영업이 허용됐으나, 서울시의 조례 개정으로 부속 주차장까지 푸드트럭 영업이 허용됐다.

젊은 감성과 '레트로'가 어우러진 이색 명소

서울시는 '루프탑 푸드트럭 야시장'을 '스타벅스 경동1960' '금성전파사'와 함께 '경동시장 3대 명소'로 조성해 시민과 관광객의 발길을 이끌고 있다. 야간 시간에 유휴공간으로 방치됐던 전통시장 내 옥상 주차장 500평을 활용해 새로운 판로를 지원, 전통시장 활성화에도 직접적인 도움을 주고 있다.

시는 야시장에 MZ세대에게 인기가 많은 '루프탑'과 '푸드트럭'을 조합해 새로운 상품을 만들어냈다. 여기에 전 세대가 함께 즐길 수 있는

LG전자의 경동시장 문화복합공간 '금성전파사'.

레트로 감성을 더해 친구, 가족 등이 함께 즐길 수 있는 매력 명소로 조성했다. 참여 푸드트럭 10대 중 3대는 현대자동차 후원으로 운영되며, LG전자에서는 레트로 감성으로 꾸민 '금성전파사 야외 캠핑 존'을 조성했다. 이 외에도 핀 버튼 등 DIY 제작 이벤트, 추억의 간식 만들기, 레트로 사진 콘테스트, 토크 버스킹, 추억의 DJ쇼 등 다양한 이벤트가 펼쳐지고 있다.

'백종원 마법'이 불러온 예산시장의 변신

백종원 더본코리아 대표의 고향으로 알려진 충남 예산시장은 전통시장 변신의 모범사례로 손꼽힌다. 백 씨는 지난 2019년 고향인 예산을 방문했다가 시장 내 빈 점포가 많은 것을 보고 예산 지역 경제 살리기에 나선 것으로 전해졌다. 그는 예산시장을 1960~70년대 시간여행 콘셉트로 꾸미고 지역 특산물을 활용한 메뉴를 개발한 데 이어 각 점포 사장에게 컨설팅까지 해주면서 시장을 새 모습으로 재탄생시켰다. MZ세대와 7080세대를 아우르는 분위기와 다양한 음식, 높은 가성비를 겸비해 돌풍을 일으키고 있다. '백종원의 마법'이 통한 것이다.

그저 그랬던 예산시장은 방문객이 수백만 명을 넘겼다. 개장 당시 5개였던 창업 점포는 32곳까지 늘어났고, 처음으로 개최한 '예산 맥주 페스티벌'도 사흘 동안 25만 명이 방문하는 등 전국적인 관심을 받았다. 예산군이 시장 운영자료를 토대로 빅데이터 상권 분석을 한 결과 방문객의 48.9%는 다른 시도에서 유입된 것으로 나타났다. SNS에 예산시장 언급량도 2만% 이상 늘었다.

백 씨가 충남 예산군과 협업해 재단장한 예산상설시장은 국토교통부의 우수 지역개발사업에 선정됐다. 충청권 광역·기초지방자치단체가 힘을 합쳐 이뤄낸 예산시장의 혁신이 전국에서 주목받는 민관협력 성공사례로 꼽히면서 다른 지자체들에 좋은 선례가 되고 있다. 충남도는 충남 예산군과 대한민국 정부 박람회에 참가해 예산시장 혁신 성공 노하우를 다른 지자체와 공유하기도 했다.

대형 마트와 공존하는 '노브랜드 상생 스토어'

전통시장의 변신에 대형 마트들도 일조하고 있다. 대형 마트와 전통시장은 오랫동안 경쟁적 관계였지만 상생방안을 찾고 있다. 온라인 시장이 성장하면서 대형 마트와 전통시장은 오프라인으로 고객을 불러와 함께 성장하는 모델을 택한 것이다. 이마트는 마트를 찾은 고객들이 인접한 시장도 방문할 수 있도록 시장을 홍보하는 전단을 고객에게 배포하고 마케팅을 지원하고 있다.

'노브랜드 상생 스토어'를 통해 전통시장과 동반성장에 앞장서고 있다. 노브랜드 상생 스토어는 상품과 고객층이 서로 다른 전통시장과 대형 마트가 함께 위치해 전통시장에 활기를 불어넣는 상생 프로젝트다. 덕분에 지자체와 전통시장에서 먼저 입점 문의를 해올 정도로 국내를 대표하는 대기업과 전통시장 간의 성공적인 상생 사례로 자리 잡고 있다. 상생 스토어 1호점인 당진전통시장의 경우 시장 주차장 이용 건수가 2015년 2153대에서 상생 스토어가 입점한(2016년 8월) 후인 2017년에는 5,019대까지 늘어났다. 고객 설문에서는 시장 방문객 75%가 노브랜드와 당진전통시장을 함께 이용한다고 응답했다.

특히 전국 각지 전통시장에 들어선 노브랜드 상생 스토어는 똑같은 매장이 없다. 입점하는 전통시장 상인회와 사전 협의를 통해 주변 전통시장에서 파는 품목은 제외하고 부족한 품목은 강화한다.

상호 협력 마케팅도 진행 중이다. 이마트 대구 만촌점은 기존 이마트 행사를 소개하기 위해 발행해 온 전단에 대구 동구시장을 알리는 내용을 싣고 매장에 비치했다. 이마트를 방문한 고객들이 동구시장에도 관심을 가질 수 있도록 전통시장을 알리는 홍보 영상을 제작하고 이를 만촌점에 송출하고 있다. 만촌점 이외 다른 대구지역 점포들 역시 인근 전통시장과 협력해 각 시장마다 특성에 맞는 마케팅 방안을 강구하고 있다.

마트 의무휴업 갈등 해소 방안 찾아야

대형 마트들은 전통시장, 소상공인 등 지역사회와 선순환 상생 모델을 구축하고 환경·사회·지배구조(ESG) 경영에 박차를 가하고 있다. 전통시장 활성화 및 지역경제 발전에 기여함과 동시에 지속 가능한 동반성장을 이룬다는 목표다. 지역 상권 활성화 등 공동마케팅, 중소 유통 경쟁력 강화 및 홍보 지원 등을 논의 중이다. 지역사회와 상생을 위한 투자에 적극 나서는 곳도 늘고 있다.

홈플러스 남대구점 매장의 경우 인근 봉덕신시장 떡집 제품을 판매하는 전용 매장을 구성해 판로를 제공하기도 했다. 또 입점 수수료를 완화해 지역 소상공인의 부담을 덜어줬다. 청주시 전통시장, 소상공인과 새로운 상생 모델을 구축했다. 홈플러스는 또한 대구 상인연합회에 소화기 120개를 기부했다. 전통시장 제품 판로 확대도 지원하기로 했다. 청주시와는 지역 경제 활성화와 상생을 목표로 소상공인, 전통시장과의 새로운 상생 모델 구축을 위한 협력 방안을 모색하고 있다.

롯데마트는 지난 2014년부터 '1점 1전통시장'이라는 프로젝트를 진행해오고 있다. 롯데마트 1개 점포가 전통시장 1곳과 자매결연을 체결해 전통시장 활성화를 지원하는 사업이다. 약 30개(광복, 남악, 삼양, 안성점 등) 점포에서 진행 중이다. 또 점포 휴무일 전통시장 이용을 독려하는 공동 마케팅과 시장 내 노후 시설 보수 및 컨설팅 등의 활동을 하고 있다.

롯데마트는 전통시장 활성화를 위해 롯데 중앙연구소와 협업해 대구 목련시장과 '품질 상생 업무협약'을 체결했다. 업무협약의 일환으로 위생 안전 컨설팅을 진행하기도 했다. 다만 국내 대형 마트들과 전통시장 간에 풀어야 할 숙제도 있다. 대형 마트들은 10여 년째 지속 중인 일요일 의무휴무제의 중단을 내심 바라고 있다. 대신 평일 휴무제로 전환을 각 지방자치단체에 요청하고 있다. 대형 마트 휴무일에 인근 상가와 상권 매출이 오히려 줄어드는 악영향도 보고되고 있어 치밀한 조사가 필요하다.

Part 4

영남권

국채보상운동의 햇불을
처음 든 '큰장'

대구 서문시장은 나라를 먼저 생각하는 거상(巨商)들의 탄생지로 유명하다. 대한제국이 일제에 진 나라빚을 백성들이 대신 갚자는 국채보상운동이 대구 서문시장에서 처음 시작됐다.

국채보상운동이 전국으로 확산되는 계기가 된 역사적 현장인 셈이다. 1907년 2월 국채보상운동의 시작을 알리는 군민대회가 서문시장에서 열렸다. 또한 나라를 살리기 위한 국채보상운동에 서문시장 상인들이 가장 먼저 참여했다. 1997년 외환위기 당시 전국적인 금 모으기 운동과 비견되기도 한다.

뿐만 아니라 전 민족적 항쟁인 3·1운동의 열기가 경상도 지역에서 처음 폭발한 곳 역시 서문시장이다. 1919년 3월 8일 당시 대구의 종교계와 교육계 인사들은 서문시장 한복판에 쌀가마니를 쌓아 만든 임시 강단 위에서 독립선언서를 낭독하고, 독립운동 연설을 했다

서문시장은 한국을 대표하는 기업인 삼성그룹의 첫 출발지이기도

지난 2002년 한일 월드컵 당시, 대구 대표 시장의 모습을 보여주자는 취지로
시비와 국비로 새 단장한 대구 서문시장 간판. 의류를 많이 판매하는 특징을 살려
옷깃을 형상화한 조형물에 서문시장이라는 상호를 곁들였다.

평일에도 손님과 관광객들로 북적이는
서문시장 2지구(오른쪽)와 1지구 사이 통로 전경.

하다. 삼성의 창업주인 이병철은 지난 1938년 서문시장 인근에 삼성상회를 차리고 사업을 시작했다. 이병철의 평생 경영이념은 언제나 사업을 통해 국가에 공헌한다는 뜻의 사업보국(事業報國)이었다. 이 같은 삼성 창업주의 경영철학은 오늘날까지 이어지고 있다.

이런 배경 속에서 서문시장은 오랫동안 경제적인 부문뿐만 아니라 정치적인 상징성이 높았다. 대구의 지지를 얻고자 하는 정치인들은 1순위로 서문시장을 찾는다. 박근혜 전 대통령은 정치적 고비가 있을 때마다 서문시장을 종종 찾았다. 대구 서문시장은 지난 2023년에 100주년 대축제를 개최했다. 서문시장이 대구시 중구 대신동에 둥지를 옮긴 지 100년이 된 것을 기념한 것이다. 대구시와 중구청, 서문시장연합회 등은 큰장로 일원에서 100주년 기념식을 열었다. 이 행사에는 이례적으로 윤석열 대통령 내외가 참석했다.

수차례 대형 화재에도 불사조처럼 일어나

조선 초기 서문시장은 대구읍성 북문 밖에 자리 잡은 조그만 향시(鄕市)에 불과했다. 임진왜란 이후 대구에 경상감영이 들어서면서 대구는 영남의 정치, 경제, 국방의 거점으로 도약을 거듭했다. 17세기 대동법의 실시는 서문시장이 전국 3대 시장으로 발전하는 데 결정적으로 작용했다. 임란 후 조정은 기존의 조세를 지방 특산물(공물) 대신 쌀이나 면포로 내게 했다. 또 보부상들이 등장하고 유통, 물류가 발달하며 대구는 일약 영남 경제의 핵으로 성장할 수 있었다.

이런 상권의 신장을 배경으로 조선 후기엔 "서문시장에 가면 구하지 못하는 물건이 없다"라는 말이 나올 정도로 장시(場市)가 흥했고 마침

삼성그룹의 '뿌리' 삼성상회.
삼성 제공

내 서문시장은 전국 3대 시장으로 도약하며 조선 유통·상업·물류의
중심이 됐다. 대구의 시장은 대구장 또는 읍장이라 불렸고, 뒤에 서문
밖 시장 또는 서문시장이라 부르게 됐다. 시장의 규모와 거래액이 크
기에 '큰장' 또는 '대구 큰장'으로도 불렸다. 이외 만형 격인 서문시장을
비롯해 화원장, 현내장, 무태장, 백안장, 범어장, 오동원장, 풍각장, 해

1926년 서문시장을 찾은 사람들.
순종 국상 기간이라
백립을 쓰고 있다.
제복 차림은 순검이며,
멀리 보이는 숲은 선교사 사택
(현재 대구동산병원 내)이다.
대구교육박물관 제공

224

안장 등 여덟 곳의 장시가 더 있어 대구는 전주, 평양과 더불어 3대 향시의 하나로 꼽혔다.

서문시장은 1923년 변화의 계기를 마련하게 된다. 1923년 4월 대구부는 '시구 개정사업'에 따라 약 39만 원의 예산으로 천황당 못을 메우고, 그 주변을 정비해 새롭게 문을 열고 영업을 시작했다. 현재 서문시장은 전체 면적 1만 5,021㎡(4,544평)에 5구로 나눠 조성됐다. 지구 사이에는 가로·세로 8.1미터 내지 10.8미터의 통행로가 만들어지고, 통행로 양측에 하수구가 설치됐다. 1,640㎡(496평) 규모의 건물도 갖췄는데 잡화점이 3동, 어물전과 곡물상이 각 2동, 창고 1동으로 구성됐다.

젊은이들을 시장으로 끌어들이며 서문시장에 새로운 전기를 가져온
도시철도 3호선 서문시장역과 역을 출발하는 전동차.

서문시장은 100년 역사 동안 여러 차례 크고 작은 화재와 싸워야 했다. 기록된 화재만 무려 17회다. 지난 1952년 2월 24일 점포 4,200개가 전소된 대화재를 시작으로 1960년, 1967년, 1975년에도 큰 화재가 발생했다. 지난 2005년 12월 2지구 상가에서 발생한 화재로 186억 원 상당의 재산피해가 났다. 10여 년 뒤인 2016년 4지구에서도 화재가 발생해 점포 839곳이 전소되고 460억 원의 재산피해가 발생했다. 서문시장 역사상 손에 꼽을 만한 큰 화재였다. 다행히 사고가 난 지 6년 만에 4지구를 새로 지을 시공사 선정 작업에 들어갔다.

하지만 과거보다 저조한 매출, 낡고 노후화한 시설, 코로나19 등 악재가 겹쳤다. 코로나19가 기승을 부리던 2020년 2월 개장 이래 처음으로 서문시장 전체가 엿새간 문을 닫기도 했다.

근현대 역사 품은 국립구국운동기념관에 기대감

대구시는 국립구국운동기념관을 짓고, 지하에 대규모 주차장을 건설해 서문시장 주차난까지 해소하는 국책사업(총사업비 2500억원 규모)을 추진 중이다. 구국운동기념관은 서문시장 인근 역사문화자원을 연계해 구국의 역사를 기억하고 기념하는 상징공간을 조성하는 사업이다.

시 관계자는 "3·8 만세운동 당시 대구에서 쓸 독립선언문을 등사했던 장소가 계성학교 아담스관이며, 1923년 대구 물산장려운동의 중심이었고, 한국전쟁 낙동강 전투 당시 전선에 보낼 물자를 조달한 곳도 바로 서문시장"이라면서 "정부 차원에서 이런 역사를 보존하고 기념할 가치가 충분하다고 판단해 사업을 제안한 것"이라고 설명했다.

접근성, 역사성 등을 고려했을 때 구국운동기념관 설립 최적지는 현재 계성중학교 운동장 일대다. 이곳에 지하 3층의 대규모 지하주차장까지 함께 조성되면 서문시장 내 주차난도 상당 부분 해소될 것으로 기대된다.

홍준표 대구시장은 "서문시장은 지역민의 애정이 깊은 특별한 장소로, 앞으로의 100년을 위해 더욱 발전시켜 나가는 것이 우리 모두의 역할"이라면서 "정부 역시 적극적인 지원에 나서야 한다"고 강조했다.

대구 서문시장.

영남 구제가게
성지

서울 종로에 전국적으로 유명한 구제시장인 동묘 벼룩시장이 있다면 대구에는 이에 버금가는 전국에서 옷을 사러 오는 구제시장인 관문시장이 있다. 인터넷에 관문시장을 치면 제일 많이 노출되는 단어가 구제 골목이다.

단 돈 몇만 원이면 나도 멋쟁이

구제 골목에서는 1만 원권 지폐 몇 장이면 누구나 패션 피플이 될 수 있다. 구제 골목은 관문상가시장 중 역사가 가장 오래된 3지구 동쪽에 형성됐다. 이곳에는 패션, 의류, 명품 간판을 단 옷가게들이 촘촘히 들어서 있다. 30여 년 전 몇몇 상인이 점포도 없이 노점으로 시작한 이 골목은 1997년 외환위기 이후 상권을 형성하기 시작했다. 일부 마니아들은 여기를 대구의 동묘시장으로 부르기도 한다.

대구의 최대 구제 골목답게 화려한 패턴의 옷부터 스포츠 의류, 구두, 가방, 벨트, 스카프 등 품목도 다양하다. 최근 경기침체와 고물가로 가성비 좋은 제품을 선택하는 소비형태의 전환으로 할인상품, 재활용품 등이 인기를 끌고 있다. 이런 가운데 구제 골목에는 옷가게들이 인근 주택가까지 늘어나고 있어 시장과 인근 주택가 가게까지 합치면 구제가게는 400곳을 훌쩍 넘긴다. 이곳에서 판매하는 물품은 가격대가 다양하다. 물품 상태나 브랜드에 따라 2,000원이면 구입 가능한 티셔츠부터 5,000~1만 원이면 구입 가능한 청바지류, 옷이나 구두 등은 몇십만 원까지도 거래되고 있다.

과거에는 40~50대 중년 이후의 고객이 골목의 단골이었지만 요즘은 10대부터 60대까지 연령에 관계없이 발걸음을 옮기고 있다. 10대와 20대들은 빈티지 패션으로 자신만의 개성을 표현하기 위해 찾아오고,

대구판 동묘시장으로 패션피플의 성지 관문시장 구제 골목 전경.

40대와 50대는 독특한 디자인의 수입 의류를 싸게 사기 위해, 60대는 알뜰 쇼핑을 위해 찾는다.

건물이 노후화되어 지난 2004년 시장정비사업을 위한 추진위원회가 구성되는 등 재개발을 추진하기도 했다. 하지만 지금은 의류, 구두, 가방 등이 세탁과 수선을 거쳐 새로운 주인을 찾아가는 중고거래가 활발히 이뤄지고 있는 전국적 구제시장으로 거듭나고 있다.

대구 남부 길목에 자리 잡은 민영 상설시장

관문시장은 대구 도시철도 1호선 서부정류장역 바로 옆에 있다. 시장의 명칭인 '관문(關門)'은 대구의 입구라는 뜻에서 유래했다. 1960~70년대 남구 대명동 서부 정류장 일대는 달성군, 경북 고령·성주군, 경남 합천군 일대에서 대구로 드나들던 교통로이자 길목이었다. 서민들의 왕래가 활발하니 정류장이 들어서고, 물자가 모이면서 장터가 열렸고, 대구 남부의 물자 집산지로 유명해졌다.

그러면서 대명동 일대는 인구 증가로 주택 부족 현상이 심화되고 주택단지가 개발되기 시작했다. 이에 따라 지역 주민에게 농산품을 비롯한 다양한 생활필수품을 공급하기 위해 관문시장(대지면적 5,564㎡, 173개 점포)이 1972년 4월 민영 상설시장으로 문을 열었다. 1980년대 달서구 송현동과 상인동 지역으로 아파트 단지가 개발되면서 관문시장을 찾는 고객이 급증했고, 관문시장 인근 도로 주변으로 상가가 하나둘 증가해 새로운 시장이 형성됐다. 이렇게 자연스럽게 형성된 시장은 2005년 시장으로 인정받아 관문상가시장(토지면적 1만 4,242㎡, 점포 290개)으로 등록됐다. 2000년대 들어서면서 관문시장보다는 관문상가시장이 번성

넓은 규모, 편리한 교통, 다양한 품목의 종합시장을 자랑하는 관문시장.

하고 있으며, 일반인은 관문시장과 관문상가시장을 합쳐서 관문시장으로 통칭하고 있다.

관문시장은 모두 5개 지구로 나뉘어 있다. 1·2·4·5지구는 반찬, 먹거리, 농수산물, 식당, 옷가게 등 다양한 점포들이 입점해 있고 3지구는 구제 물품을 판매하는 점포가 주를 이루고 있다. 현재 의류·신발 78곳, 농수축산물 47곳, 가공식품 28곳, 음식점 16곳, 기타 가정용품 판매 35곳으로 204개 점포가 운영 중이다. 대형 가전제품을 제외하고 대형 마트에서 취급하는 물품은 거의 다 판매하고 있다.

농수축산물은 신선한 먹거리를 제공한다. 대구 근교에서 갓 생산된 과일·채소가 들어온다. 또한 부산·경남권에서 반입되는 신선한 해물이 거래되고 있다. 이 외에 관문상가시장은 채소, 생선, 과일, 반찬, 식

관문시장 대표 맛집으로 소문난 '관문강정'.

료, 즉석요리, 패션 등 전통시장이 갖출 모든 요소들을 구비하고 있다.

여느 시장처럼 음식 군것질거리 역시 풍족하다. 시장 요리는 대부분 즉석요리로 수제 간식들이 주를 이루며, 음식 재료를 바로 확인할 수 있고 조리 과정을 눈앞에서 지켜보며 오감으로 느끼면서 맛을 즐길 수 있다.

관문시장에는 강정, 어묵, 칼국수, 족발, 돼지국밥 등 소문난 맛집들이 있다. 시장 대표 맛집으로 소문난 '관문강정' 가게 앞에는 각종 방송 다수 출연을 자랑하는 플래카드로 도배가 돼 있다. 장사 잘되느냐는 질문에 강정가게 상인은 전국적으로 입소문이 나 배달 주문이 많이 들어오고 있으며, 명절이면 눈코 뜰 새 없이 바쁘다고 자랑이다.

이 외에 관문시장 곳곳에는 방송에 출연하지는 않은 숨겨진 맛집도 많아 기회가 된다면 지인들과 관문시장을 방문해 맛있는 음식들을 먹어볼 것을 추천한다.

주변에 여행객 위한 명소 풍부

관문시장 주변에는 앞산공원과 두류공원을 찾는 이용객의 방문이 많고 앞산 축제 및 이벤트, 두류공원 야외음악당, 치맥 페스티벌 시즌 방문객이 급증한다. 또 인근에는 남구의 관광자원인 앞산 케이블카, 앞산공원 전망대, 앞산 해넘이 전망대, 앞산 빨래터공원, 안지랑 곱창 골목 등이 있어 이곳을 방문하는 가족 단위 여행객과 체험자원도 풍부하다. 이에 남구청과 상인회는 남구의 관광자원, 구제 골목과 연계해 관문시장을 활기가 넘치는 삶의 터전으로 만들고자 노력하고 있다.

조재구 남구청장은 "관문시장 상인회와 함께 고객 유치 및 시장 활성화를 위해 시설과 경영 현대화 사업을 지속적으로 추진할 것"이라며

대구 관문시장.

"남구의 관광자원과 연계해 관문시장이 더욱더 활성화될 수 있도록 할 것"이라고 전했다.

지난 2011~2014년 상인대학 운영, 2015년 상인조직 역량 강화 지원사업, 2017~2018년 골목형 시장 육성사업, 2019년 냉방형 팬 설치, 2022년 화재로부터 안전성 강화를 위해 화재감지기를, 연기감지기에서 화재 감지력이 좋은 불꽃감지기로 교체하는 등 다양한 사업도 추진해오고 있다.

특히 중소벤처기업부·소상공인시장진흥공단이 주관하는 전통시장 및 상점가 활성화 지원사업 중 특성화시장육성(문화관광형 시장) 사업에 도전 중이다. 체험 관광 프로그램 운영, 특화상품 개발, 쇼핑 환경 개선, 고객 편의시설 확충, 상인 교육을 통한 역량 강화로 고객서비스 향상, 온라인 판매 확대, 젊은 층 고객 유치 등을 통해 시장을 활성화할 계획이다.

전국구
족발 명가들이 즐비

대구 서남신시장

대구 달서구 달구벌대로에 자리한 서남신시장을 막바지 여름휴가가 이어진 8월 중순에 찾았다. 폭염과 집중호우 등 대구의 궂은 날씨에도 불구하고 시장 내부는 매우 쾌적했다. 시장의 천장이 모두 아케이드로 덮여 있는 덕분이다.

1985년 달서구 감삼동 복개도로에 형성돼 서남시장으로 운영되다 2006년 서남신시장(면적 2,871㎡, 점포 140개)으로 등록했다. 대구 중심 도로인 달구벌대로와 맞닿아 있어 접근성과 교통이 매우 편리한 이점이 있다. 농수축산, 청과·공산품 등 다양한 상품 종류로 원스톱 쇼핑이 가능하며, 아케이드와 쿨링 포그(분무냉방장치) 시스템, 청결한 컬러 콘크리트 바닥까지 완비돼 비가 오거나 더운 여름철에도 편리하게 쇼핑을 할 수 있다. 게다가 통로가 넓어서 오가는 데 불편함이 전혀 없으며, 다양한 사람들로 북적이는 활력이 느껴지는 전통시장이다.

시장 입구에 들어서면 바로 만날 수 있는 것이 먹거리 가게들이다.

서남신시장에 조성된 아케이드 내부.

'할매 떡볶이'와 '바우 떡볶이'가 경쟁하듯 나란히 붙어있다. 두 집 모두 점심시간을 훌쩍 넘겼지만 간식거리를 장만하려는 고객들로 북적였다. 서남신시장 대표 맛집 중 한 곳인 '바우 떡볶이'는 시장 입구에 있어 항상 손님들로 북적인다.

도시의 전통시장마다 시장을 대표하는 음식들이 있다. 대구의 경우 봉덕시장의 돼지국밥, 현풍 도깨비시장의 수구레국밥, 불로전통시장의 추어탕, 평화시장의 닭똥집 같은 것들이다. 서남신시장에는 대구 토종 족발의 출발지라는 상징성과 30년 넘게 지켜온 족발 거리라는 이름에 걸맞게 시장 곳곳에 족발가게들도 많다. 서남신시장의 원조 격인 '김주연 왕족발'을 비롯해 '발군의 족발' '만원 왕족발' 등 족발 명가들이 즐비하다.

대구 토종 족발 출발지…30년 넘은 곳도

서남신시장은 전국에서 알아주는 족발 명문 거리다. 전통시장마다 족발집이 수도 없이 성업하고 있지만, 이곳이 유독 인기를 많이 끄는 이유는 바로 대구 토종 족발의 출발지라는 상징성과 30년 넘게 지켜온 한결같은 맛 때문이다.

지난 1960~70년대 장충체육관에서 열리는 프로 복싱과 프로 레슬링이 붐을 일으키면서 구름처럼 몰려들었던 관중들이 장충동 족발집에서 뒤풀이로 여흥을 즐기면서 족발 요리가 뿌리를 내리기 시작했다. 그당시 전국 요리로 부상한 족발이 체인점 또는 개인 점포 형태로 전국으로 퍼져나갔는데, 이 시기 서남신시장에 '김주연 왕족발'이 들어선 것으로 보인다.

'김주연 왕족발'은 서남신시장이 최고 전성기였을 때인 1987년 오픈하며 착실히 입지를 다졌다. 특히 식당 입구에 무쇠솥을 걸어놓고, 족발을 삶아내는 모습은 그 자체로 광고였고, 훌륭한 퍼포먼스였다. 깊은

1987년 오픈해 족발거리의 원조 격인 '김주연 왕족발'.

맛, 은은한 향의 대명사 대형 가마솥은 지금도 트레이드마크처럼 여겨지고 있다. 20년 넘게 왕족발 맛집 전통을 이어가고 있는 집주인은 족발 맛의 비결에 대해 이렇게 자랑했다. 첫째 비결은 신선한 재료다. 이곳에서는 20년 넘게 국내산 생고기만 고집해 오고 있다. 냉동육으로는 제대로 맛을 낼 수 없기 때문이다. 신선한 재료에 이어 육수도 맛의 비결 중 하나다. 싱싱한 양파, 대파, 마늘에 생강까지 더해 영양에 약성(藥性)까지 더했다.

'김주연 왕족발'에 이어 족발 명가 계보를 이어 간 곳은 '한상일 왕족발'이다. 쫄깃한 식감을 특징으로 하는 이 집은 특히 셀럽(유명인)들이 많이 다녀간 맛집으로 유명하다. 연예인은 아이유와 유재석이, MC는 조문식과 애교머리 김종하가 이 집을 다녀갔다. 2012년 서남신시장에 들른 김황식 전 국무총리가 대구 족발을 맛본 곳도 바로 이 집이었다. '한상일 왕족발'의 특징은 풍부한 양념과 함께 들어가는 한약재들. 감초, 당귀 등 8가지 약재가 족발의 깊은 맛을 더해준다는 점이다.

서남신시장 족발 골목이 대구의 명소로 부상하게 된 결정적 계기는 2002년 월드컵 당시 두류공원 코오롱야외음악당에서 거리 응원이 열리면서다. 당시 젊은이들이 응원 후 뒤풀이를 위해 시장에 몰리면서 족발집마다 장사진을 이뤘다. 특히 두류공원과 가까웠던 서남신시장은 '족발 거리' 유명세까지 업고 족발집마다 긴 줄이 늘어섰다. '김주연 왕족발' '한상일 왕족발'은 당시 서남신시장의 양대 산맥을 이루며 전성기를 구가했다.

"족발의 본질에 집중했다"라는 '발군의 족발'도 달서구청의 '달서 맛나' 점포에 선정되면서 새 맛집으로 부상하고 있다. 족발 식감을 다양화해 '온족' '미족' '식족' 3단계로 구분했다. 역시 매운맛을 3단계로 세분화한 '불족' 역시 인기 메뉴 중 하나다.

"가성비 으뜸"을 캐치프레이즈로 내건 '만원 왕족발'도 '6시 내고향' 등 방송에 소개되면서 신흥 맛집으로 부상하고 있다. MSG, 캐러멜 색소를 전혀 넣지 않고 쫄깃한 식감이 뛰어난 앞다리살만을 재료로 쓰고 있다. 그릇이 흘러넘칠 정도로 담긴 족발은 저렴한 가격임에도 불구하고 일반 족발과 똑같은 훌륭한 맛을 낸다. 심지어 족발 하단에는 뼈도 깔려 있지 않다. 실제 황기, 감초, 당귀 등 약 30가지 약재와 함께 삶아 웬만한 맛집 족발보다 맛있다는 손님도 많다.

'온라인 동네시장' '보이는 라디오 콘서트' 최초 기록 보유

서남신시장의 족발 골목은 이제 시장의 트레이드마크다. "항상 고객을 생각한다"라는 캐치프레이즈로 시장 현대화, 상인 교육 등 사업을 펼쳐 그동안 국무총리상, 공동마케팅 최우수상, 박람회 우수시장 등 4관왕 시장으로 등극했다. 또 2019년 전국우수시장박람회에 참가해 '전통시장 활성화 부문'에서 대통령상을 수상하는 쾌거도 올렸다.

김경락 상인회장은 "2021년 서남신시장이 지역 전통시장 최초로 네이버 동네시장 온라인 장보기 서비스에 선정됐다"면서 "현재 시장의 모든 상품 주문이 온라인, 모바일로 가능하다"고 강조했다. 시민들은 네이버 '동네시장 장보기 사이트'에서 서남신시장을 검색한 후 원하는 상품을 장바구니에 담고, 카드나 네이버 페이 결제를 통해 대구 전역에서 배달 서비스까지 받고 있다.

또 활기 넘치는 시장 분위기 조성을 위해 2016년 '보이는 라디오 방

서남신시장 상인 DJ들이 시장 이슈 및 신청곡을 소개하는
'보이는 라디오 부스'와 고객의 불편사항 해결 및 고객의 간단한 업무를 지원해 줄 수 있는
설비(무인 민원발급기 등)를 갖춘 고객 휴게실이 눈에 띈다.

송국'을 개설해 행사 홍보 및 시장 방문객과의 소통을 추진하고 있다.
상인 DJ들이 시장 이슈 및 신청곡을 소개하는 공간으로 현재 '보이는
라디오 부스'를 이용해 전통시장 최초로 언택트 문화공연 '보이는 라디
오 콘서트'를 선보이고 있다. 이는 서남신시장 공식 SNS와 시장 내 설
치된 9개의 멀티비전을 통해 생중계된다.

　전통시장을 살리기 위한 노력은 이뿐만이 아니다. 달서구는 '2016년
도심형·골목형 시장 육성사업', '2017년 문화관광형 시장 육성사업' 등
전통시장 지원사업을 적극적으로 추진해 고객에게 볼거리, 즐길 거리
를 제공하면서 성장하고 있다. 시장 상점 공동 디자인 간판을 제작해
미관 향상, 특화상품 레시피 및 꾸러미 개발 등을 통해 신규 고객층 유
입, 이벤트 홍보사업, 상인 서비스 역량 강화교육 등을 통해 시장 경쟁
력 확보에 총력을 기울이고 있다.

달서구는 각 점포별로 스마트 콘센트를 설치해 과부하 시 전기를 자동 차단해 안전한 환경 조성에 앞서고 있다. 안전사고 예방 및 시설물의 안전한 유지관리를 위해 CCTV도 교체했다.

이태훈 달서구청장은 "서남신시장은 달서구에서 선정한 '달서 9경' 중 한 곳이며 활기찬 분위기, 먹거리, 즐길 거리 등으로 지역의 관광 명소로 자리매김했다"면서 "인근 두류정수장 부지에 대구시청 신청사 이전이 이뤄지면 사람들이 더 많이 찾는 전통시장이 될 것"이라고 전망했다.

대구 서남신시장.

옹기 구하려면
국밥 맛보려면

울산 울주군 남창옹기종기시장

"도다리는 봄철에 가장 맛있지요?"

"아닙니다."

"예?"

"365일 맛있습니다."(웃음)

너스레에 웃음도 잠시. 길고 날카로운 회칼이 몇 차례 번득이더니 순식간에 싱싱한 도다리 회가 도마 위에 가지런히 놓인다. 비교적 두툼하게 썰린 도다리 회는 미색이지만 표면에는 영롱한 빛깔이 감돌았다. 이보다 더 신선할 수 없을 것이다. 입맛이 떨어지는 봄철, 미식가들이 결코 지나칠 수 없는 게 도다리 회다. 한참을 서서 순서를 기다려온 아주머니 두 분. 회가 도시락 포장지에 담겨 자신들의 손에 건네지자 얼굴에는 웃음기가 가득해졌다. 다른 한 손에 신선한 상추와 깻잎, 달콤새큼한 초장이 담긴 비닐봉지가 들려 있었다. 도다리 회무침을 상상하면 군침을 주체할 수 없게 된다.

242

남창 장날과 공휴일이 겹친 울주군 온양읍 남창옹기종기시장.
1만 명 이상 몰려든 관광객으로 시장 통로가 인파로 북적이고 있다.

장날에 울산 울주군 온양읍 남창옹기종기시장은 도다리뿐만 아니라 돌문어, 전복, 멍게 등 울산 앞바다에서 잡았거나 양식장에서 갓 출하된 싱싱한 해산물로 가득하다. 길이가 100미터에 달하는 시장통 한가운데는 방금 따온 것 같은 각종 제철 나물과 채소로 풍성한 할머니들의 노점이 장사진을 이뤘다.

남창옹기종기시장 장날이면 하우스 재배가 아닌 제철에 나는 각종 채소와 과일, 나물 등을 구입할 수 있다.

풋고추가 가득 실린 리어카를 끌고 나선 한 장사꾼이 "고추가 살아있다. 고추가 살아있다"라며 다소 야릇한 말로 이목을 집중시키자 할머니들이 재미있다고 웃는다. 한편에서는 어르신들을 위한 꽃무늬 블라우스가 봄바람에 살랑거리고 맞은편에는 말끔한 광택을 자랑하는 말표 고무신이 주인을 기다리고 있다.

수많은 상품과 각종 먹거리들은 발길을 멈추게 한다. 한참을 구경하고 나서야 시장통 끝 지점에 다다랐음을 알았다. 하지만 여기는 또 다른 남창옹기종기시장 여행의 시작점이다.

국밥 한 그릇을 위해 줄서기

세계 유명 맛집들의 공통 특징은 줄서기다. 특별한 맛을 경험하기 위해 장시간 줄을 서 기다리는 것쯤은 더 이상 낯선 풍경이 아니다. 현재 남창 장날에는 젊은 세대가 아닌 60대 전후의 중장년층과 어르신들의 줄서기를 쉽게 볼 수 있다. 남창장 중간 지점에는 국밥 식당이 늘어서 있다.

울주군 남창옹기종기시장의 선짓국밥은 오래전부터 유명했다.
남창장의 국밥이 유명해진 것도 이 선짓국밥에서 시작됐다는 이야기가 있다.
남창장에는 공식적으로 7곳의 국밥 식당이 운영되고 있다.

"무슨 경품을 주기 때문에 어르신들이 줄을 선 줄 알았습니다. 백종원도 부럽지 않겠어요."

아기를 안고 나온 30대 부부가 내막을 알고는 놀란다. 부산 해운대에 거주하는 이들 부부는 남창 국밥이 유명하다는 소문을 듣고 찾아왔다고 했다. 국밥집 한 곳은 오전 10시를 갓 넘겼는데 벌써부터 대기 줄만 35명에 달했다.

식당 문을 들어서자 한 그릇 9,000원 하는 선짓국밥이 침샘을 자극하는 특유의 냄새를 풍기며 뜨겁게 반긴다. 따로국밥, 내장국밥, 소머리곰탕과 소머리국밥, 각종 수육까지 즐길 수 있다. 장터 인근에 울산 제과제빵의 최고 장인이 운영하는 '구떼 과자점'의 빵 맛도 기가 막힌다.

기다림이 힘들다면 장터 곳곳에서 판매하는 국수, 부추전, 튀김, 족발, 묵 등을 맛보는 것도 추천한다. 기대 이상의 맛이다. 부추전에 막걸리 한 사발은 아픈 다리를 조금 쉬게 할 수 있는 좋은 핑계가 된다.

3·1 만세운동 벌어진 유서 깊은 '창고 마을'

짚고 넘어갈 것이 있다. 남창옹기종기시장이 위치한 곳은 행정구역상 '울주군 온양읍 남창리'이다. 이곳을 처음 찾는 이들이 궁금해하는 것 중 하나가 바로 '남창(南倉)'이라는 지명이다. 한자에서 알 수 있듯이 남쪽 창고라는 뜻이다. 울주군에 따르면 온양읍 일대의 옛 지명은 공수현이다. 조선 숙종 때인 1679년 공수현을 설치했다는 기록이 있다. 당시 백성들로부터 거둔 곡식을 임시 저장하기 위한 창고가 만들어졌고, 고령 김 씨 공수파가 집단으로 거주하며 창고관리와 관련 업종에 종사했다고 전해진다. 시장 주변에 오래전부터 온양 읍사무소, 남창역, 우체국, 파출소 등의 주요 기관이 있었던 이유도 여기에 있다.

남창 5일장은 지난 1916년 문을 열었다. 3일과 8일에 장이 섰다. 1919년 3·1 만세운동이 전개된 유서 깊은 곳이기도 하다. 매년 4월 8일 장날에는 당시 만세운동을 재현하는 행사가 열리고 있다.

남창장이 발전한 것은 창고가 들어선 배경과 같다. 내륙과 해안이 만나는 지점이기 때문이다. 하지만 울산 공업화 이후 농어촌 인구의 유출 등으로 남창장도 위기에 처했다. 자가용을 중심으로 한 교통수단의 발달은 온양읍 주민들에게까지 울산, 부산의 백화점과 대형 마트의 이용을 부추겼다. 워낙 큰 장이기 때문에 명맥을 유지할 정도는 됐지만 시설 노후화는 빠르게 진행됐다. 다행히 동해선 광역전철이 개통되면서 반전의 기회가 찾아왔다.

동해선 철길 위에 선 장터

남창옹기종기시장의 장날은 웬만한 대형 마트를 능가할 정도로 인파가 몰린다. 한 번 들어서면 시장 안을 빠져나가기란 쉽지 않을 정도다. 도대체 어디서 이렇게 많은 사람이 왔을까. 남창옹기종기시장 상인회에 따르면 장날이면 시장 바로 옆 동해선 남창역에선 부산과 울산에서 광역전철을 타고 온 손님들이 쏟아져 나온다.

남창장이 다시 활기를 되찾은 것은 지난 2021년 12월 28일 부산 부전역~울산 태화강을 운행하는 동해선 광역전철이 개통하면서부터다. 앞서 부산~울산 간 고속도로가 개통되었지만 남창장과는 거리가 멀었다. 대신 철길이 역할을 넘겨받았다.

김규백 상인회 회장은 "매시간 부산과 울산에서 온 관광객들이 도착하고 떠나고를 반복하면서 예전에는 오후 4시면 장이 끝났지만 이제는 저녁 무렵까지 이어지고 있다"고 말했다. 그러면서 "전철이 생긴 후 평일 장날에는 3,000명가량이 찾고 주말과 휴일이 겹치면 1만 명이 넘는다"고 덧붙였다. 남창이 전철 역세권을 형성하자 온양읍 인구도 증가해 3만 명까지 늘어났다. 인구감소 속에 시골 지역 인구가 늘어난 것은 매우 보기 드문 일이다. 상인회 측은 현재 장터가 비좁다고 판단해 울주군에 공간 확장을 요청했고 원만한 협의가 이뤄지고 있다.

울산 옹기축제, 대운산과 울산수목원도 인기

남창장 상인들이 김칫독과 간장독 등으로 사용하는 옹기는 울산 온양읍 외고산 옹기마을의 특산물이다. 옹기종기시장이라는 명칭도 옹기마을에서 따온 것으로 전해진다. 이 마을은 옹기 제작에 쓰이는 흙의

남창옹기종기시장에서 도보로 20분,
약 1.5킬로미터 떨어져 있는 외고산 옹기마을의 풍경.

품질의 전국에서 가장 좋다고 평가받아 예전부터 전국 각지의 장인들이 모여든 곳이다. 남창역에서 자가용으로 3분, 걸어서 20분이면 도착하는 약 1.5킬로미터 거리에 있다. 우리나라 옹기의 역사와 제조과정을 한눈에 볼 수 있다. 옹기장이 실제 거주하고 있고 가마와 생산 공장이 가동 중이다. 옹기축제가 열릴 때면 각종 체험 프로그램과 공연, 구경거리도 풍성하게 준비된다.

5킬로미터 떨어진 곳에 울산 12경 중 하나인 내원암 계곡을 품고 있는 대운산도 유명하다. 울산수목원과 국립 치유의 숲이 있다. 5월에 철쭉제가 열리고 여름철에는 피서 인파로 가득 찬다.

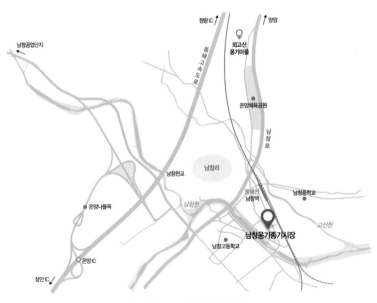

울산 울주군 남창옹기종기시장.

한우 숯불구이에
진심

울산 수암시장

울산지역의 시장은 전통시장 45곳, 상점가 16곳 등 총 61곳이 운영되고 있다. 점포 수는 모두 합쳐 약 5,100개, 여기에 종사하는 상인은 약 4,500명에 이른다. 전통적인 상업 도시가 아니었던 울산은 1960년 정부의 울산공업지구 개발과 함께 상업도 발전하기 시작했다.

출발이 늦어진 탓에 오랜 전통을 지닌 이름난 시장은 적지만 대신 문화, 관광, 역사 등 지역 특색과 연계하려는 특성화 사업이 꾸준히 시도되고 있다. 이 가운데 50년의 역사를 가진 울산 '수암시장'은 요즘 들어 울산을 대표하는 가장 '핫한' 전통시장으로 인기를 끌고 있다. 특히 "고기, 고기"를 연신 외쳐대며 숯불 위에 구워지는 최고급 한우를 배부르게 먹어 보고 싶어 하는 MZ들에게는 꿈이 현실이 되는 곳이다.

울산 공업화와 함께 발달한 수암시장

수암시장은 야음동에서 분리된 울산 남구 수암(岫岩)동에 위치하고

울산지역 시장 61곳 중 울산 남구 수암시장은 젊은이들에게도 각광 받는 시장이다.
울산 시민들이 수암시장에서 한우구이를 즐기고 있다.

있다. 야음(也音)은 '잇기 야(也)' 자와 같이 생긴 마을 뒷산에서 소리가
난다고 하여 '야음'이라 부르게 되었다. 조선 숙종 때 기록에 지명이 나
타난다.

수암동은 야음동 신선산의 북쪽 지역을 부르는 이름으로, 바위가 수
려하다는 데서 유래한 지명이다. 처음에는 야음동에 속한 지역이었다.
그러다가 1985년 야음2동이 야음2·3동으로 분동했고 2007년에 야음

3동을 수암동으로 행정동 명칭을 개칭했다.

수암시장은 1970년 초에 당시 야음동에 지상 1층 2,905㎡의 상가건물로 시작했다. 이후 주변에 점포가 늘어나면서 제법 큰 시장을 형성했고 현재에 이르고 있다. 점포 수는 150여 개이며, 주요 취급 품목은 농수축산물, 의류 등이다.

수암시장의 발전은 공업 도시 울산의 태동과 맞물려 있다. 산업수도 울산은 1962년 울산공업센터 지정과 함께 시작됐다. 이후 1970년대까지 철도, 항만, 교량, 공업용수 댐 등 기반시설과 산업시설의 건설이 집중됐다. 대표적인 산업시설은 현대자동차와 현대조선소, 석유화학단지이다. 울산 북구 양정동 일대 현대자동차 설립에 이어 울산 방어진 인근 미포지구에 현대조선소가 들어섰고 현재의 수암동과 가까운 울산

울산 수암시장은 전통시장으로서 다양한 식재료를 판매한다.
시장 골목 곳곳에 수암시장이 생겨났을 때부터 있던 상점들이 남아 있다.

남구 상개동 지역에 석유화학단지가 조성됐다. 태광산업 정유공장, 한국석유, 영남화학, 한국비료, 한국흄관, 동양나이론, 선인섬유, 태원물산, 조선비료, 삼양특수강, 대한알루미늄, 영남화력, 선경합섬, 고려화학, 진양화학, 삼성석유화학 등 한 번쯤 이름을 들어봤을 법한 유명 기업이 이곳에 공장을 건설했다.

울산은 개발 초창기인 1960년대까지만 해도 대체로 농촌이 기반이었고 장생포와 방어진이 어업 전진기지 역할을 하고 있는 작은 지방 도시였다. 하지만 1962년 1월 울산공업지구 확정에 이어 1963년 제5대 박정희 대통령의 취임으로 울산 개발이 본격화됐고 1960년대 중반부터는 산업구조가 농어업에서 제조업으로 점차 변경됐다.

이와 함께 인구도 빠르게 늘어 신설된 신정동과 야음동 등의 인구는 기존 구시가지 수준으로 늘어났다. 외지에서 많은 노동력이 유입된 것이다. 이때 기업들이 직원들의 안정적인 정착을 위해 마련한 것이 사택이다. 석유화학공단과 인접한 야음동이 대표적인 사택 밀집지역이었고 지금도 그 명맥을 유지하고 있다.

수암동에도 공단 직원들의 거주지로 대단위 아파트와 기업들의 사택들이 형성됐다. 하지만 새롭게 개발된 지역이다 보니 편의시설이 부족했다. 야음시장과 수암시장이 생겨난 게 이때였다. 야음시장은 1976년 개설된 야음상가시장과 ㈜야음의 두 단체가 전통시장으로 등록돼 시장을 형성해 왔는데 최근 ㈜야음이 주상복합 건립과 관련해 자진 폐업하고 상인회도 해산해 전통시장에서 제외됐다. 야음상가시장만이 남아 있다.

그동안 수암시장과 함께 야음동 양대 전통시장으로 자리 잡아 왔던 야음시장이 이처럼 반 토막 나자 수암시장은 새로운 기회를 잡고 있다.

국내 유일의 한우 야시장

수암시장은 그동안 시장의 경쟁력을 높이기 위해 고객 편의시설 설치와 아케이드 개·보수 등으로 시장 현대화를 추진해 왔다. 그러다가 한우를 앞세운 울산 최초의 야시장을 개장하면서 조금씩 이름이 알려졌고 외지 방문객도 늘어나고 있는 추세다.

수암시장의 특성을 한마디로 축약하면 '즐기는 시장'이다. 즐기는 시장을 형성하고 있는 것은 최신 트렌드를 반영한 먹거리와 맛을 보장하는 한우 야시장, 그리고 다양한 이벤트들이다. 9월 늦여름 저녁에 찾은 수암시장은 말 그대로 '불타는 금요일'이었다. 아케이드 거리 한중간에 줄지어 차려진 식탁에는 1등급 한우 갈비가 빨갛게 피어오른 숯불 위에서 노릇하게 익어가고 있었다. 맛있는 냄새가 시장 안을 가득 메웠다.

데이트를 즐기러 나온 연인, 할아버지와 아이들까지 함께 온 일가족이 한우 야시장 야외 식탁에 둘러앉아 한우구이를 즐기고 있었다. 끝자리 식탁에서는 회사원 4명이 외치는 "원샷" 소리가 들려왔다. 퇴근 후 오랜만에 회식을 나왔다고 했다.

이곳의 한우구이가 유명한 것은 국내 유일의 한우 야시장이기 때문만이 아니다. 오래전부터 수암시장 곳곳에 자리 잡은 '식육식당+초장집' 형태의 한우구이 집들이 생겨나면서 큰 인기를 끌었기 때문이다. 비교적 저렴한 가격으로 맛볼 수 있는 식육식당의 한우구이는 직장 회식이나 월급날 직장인들의 애환을 풀어주기에 안성맞춤이었다.

노동자들이 즐겨 찾는다고 품질을 의심해서는 안 된다. 울주군 언양과 두동면 봉계가 국내 유일의 한우 불고기 특구로 지정돼 있을 정도로 울산은 예로부터 한우와 인연이 깊은 고장이다. 지역 축산농가에서는 고품질의 한우를 생산하면서 관련 대회에서 자주 대통령상을 받아왔다. 특히 2022년에는 울주군에서 생산된 한우 한 마리가 경매가 8,177만 원이라는 역대 최고 기록을 세우기도 했다. 한우는 품질의 차이가 명확히 드러나는 식품 중 하나다. 평소 질 좋은 한우 고기를 자주 맛보다 보니 일부 울산 사람들은 타지에서 한우를 사 먹지 않을 정도로 '한우부심'이 강하다.

수암시장은 무엇보다 품질 좋은 한우를 제공한다. 울산이 부자 도시로 알려진 것은 그만큼 노동자들의 주머니 사정이 좋다는 것이다. 좋은 한우를 많이 공급하더라도 그만큼 수요가 뒷받침해 주고 있다. 야시장이 서는 금요일, 토요일이 아니더라도 평일에 얼마든지 시장 내 식육식당에서 한우구이를 즐길 수 있다.

행정안전부 공식 8호 야시장으로 인정받은 수암시장 한우 야시장은 지난 2016년 4월 1일 개장했다. 코로나19 여파로 3년을 쉬었다가 2023년 봄 운영을 재개했다. 총 길이 310미터 거리에 3개의 구역으로 나뉘어 51개 매대를 운영 중이다. 운영 기간은 야외에서 시식이 가능한 4~6월, 9~11월이다. 매주 금·토요일 오후 7~11시 열린다. 7~8월 혹서기에는 운영하지 않는다.

한우 야시장 이용은 아주 쉽다. 식육점과 가판에서 먹고 싶은 고기를 구입한 뒤 거리 한가운데 차려진 야외 식탁에 앉으면 된다. 식탁은 1인당 5,000원에 이용할 수 있다. 밑반찬과 숯불, 석쇠 등 구이에 필요한 모든 것을 제공한다. 또 원하는 술을 제공하기 위해 아이스박스에 각

울산 수암시장에서 큰 인기를 끌고 있는 다양한 부침과 전.

수암 한우 야시장에선 매주 금요일과 토요일에 지역 출신
실력파 가수들의 초청 무대가 펼쳐진다.
장을 보러 나온 어르신들이 가수의 노래에 맞춰 몸을 들썩이며 박수를 치고 있다.

종 술을 가득 담은 수레, 이른바 '술차'를 운영한다. 술차가 지나가면 원하는 술을 꺼내서 마시고 나중에 계산을 하면 된다. 한우 야시장이라고 해서 한우구이만 팔지 않는다. 요즘 유행하는 야시장 메뉴는 얼마든지 찾을 수 있다. 잡채, 파전, 각종 튀김, 닭튀김, 큐브 스테이크, 와플 등 다양한 음식들을 맛볼 수 있다. 함께 열리는 플리 마켓에서는 아이들과 여성들의 눈길을 사로잡는 수공예품이 판매되고, 타로점도 운영된다.

이곳 야시장에서 빼놓을 수 없는 것이 있다면 매주 실력 있는 가수들이 출연하는 흥겨운 공연 무대다. 흥을 돋우기도 하고 관객들의 눈시울을 적시는 감동 있는 노래들을 선사하기도 한다. 크게 신이 날 때는 관객과 가수가 어우러져 춤판이 벌어진다. 인근에서 전자제품 가게를 운영하는 한 상인은 "전통시장이라면 으레 식재료가 중심이 되고 있지만 이곳은 완성된 제품을 파는 곳이 많다"며 "트렌드를 빠르게 반영한 음식들이 많다 보니 젊은이들의 발길도 잦다"고 말했다. 그는 "깨끗한 화장실과 백화점 주차장 부럽지 않은 최신식 주차장은 전통시장의 인식을 새롭게 바꾸는 데 일조하고 있다"고 덧붙였다.

끝없는 경쟁…시장 디지털화 추진

수암시장의 인기가 높아지자 예상치 못한 변수가 생겼다. 약 2년 전 바로 옆에 '수암 회수산시장'이 들어선 것이다. 수암 회수산시장은 울산 시민들이 애용하는 울산농수산물도매시장 회센터처럼 활어회 가게와 초장집으로 구성돼 있다. 울산 남구에서 공모한 '2023 골목형 상점가 특화지원 사업'에도 선정됐다. 횟집과 초장집을 합쳐 38곳이 상가건물 1층, 2층에서 장사를 하는 제법 큰 규모의 현대식 수산시장이다. 최근 SNS 등을 통해 입소문을 타고 있다.

하지만 기존 수암시장 내 횟집들로서는 불쾌한 일이다. 치열한 경쟁을 벌여야 할 대상이기 때문이다. "어쩌겠어요? 단골 손님들 믿고 장사해야지요." 그동안 수암시장에서 40년 동안 부산횟집을 운영해 온 여사장의 말에는 섭섭함이 진하게 배어있었다. 하지만 40년이라는 오랜 세월 동안 쌓아놓은 신뢰는 무엇보다 큰 경쟁력이라며 자신하고 있었다.

수암상가시장 상인회 임용석 회장은 "현재로서는 상생하는 길만이 유일하다는 것을 모두 알고 있다"며 "수암 회수산시장 상인회 회장과 늘 소통하며 계속해 상생 방안을 모색하고 있다"고 말했다. 임 회장은 덧붙여 수암시장의 발전을 위해 현재 상가 디지털화를 추진 중이라고 밝혔다. 울산에서 가장 젊은 시장으로 평가받는 게 괜한 소리가 아니었다.

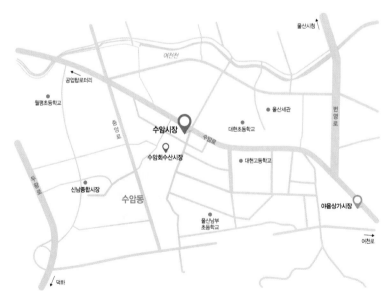

울산 수암시장.

장터 찾는
시·도지사들

지자체와 함께하는 전통시장

상인과 소비자가 몰리는 시장은 여론의 바로미터로 통한다. 선거철이면 후보자들의 필수 선거운동 코스가 되고, 지방자치단체장들이 자주 찾아 민심을 듣는 장소가 된다. 일상생활과 가장 밀접하고 활발한 거래가 이뤄지는 공간에서 이뤄지는 소통은 강력한 영향력을 발휘한다. 이런 이유로 전국 지자체장들은 전통시장을 수시로 찾았다. 주민과 접촉면을 넓히고 상인들 이야기를 들으며 민심을 파악하기 위해서다. 장터가 시장으로 더 많이 불리는 것은 시장님들이 수시로 찾기 때문이라는 우스갯소리가 나올 정도다.

오세훈 서울시장은 남대문시장, 광장시장 등 서울 시내 대표적 전통시장을 세계적 관광지로 탈바꿈시키겠다는 복안을 오래전부터 가져왔다. 시장 혁신을 통해 네덜란드 로테르담 '마켓홀', 스페인 세비야의 '엔카르나시온'과 같은 글로벌 관광지로 조성하겠다는 것이다. 동대문 쇼핑거리에 세계적 건축물인 동대문디자인플라자(DDP)가 조성돼 랜드마

258

오세훈 서울시장(가운데)이 서울 구로구 남구로시장을 찾아
화재순찰 로봇 배치 상황을 점검하고 있다. 서울시는 심야 전통시장의 화재 감시부터
초기 진압, 대피 안내까지 수행하는 화재순찰 로봇을 전국 최초로 시험운영에 들어갔다.
서울시 제공

크가 된 것처럼 남대문시장, 광장시장 등에도 새로운 도심 재생의 발판
이 마련될지 기대된다.

오 시장이 벤치마킹하고 있는 네덜란드의 '마켓홀'은 말발굽 모양
의 독특한 아치형 주상복합 건축물이다. 이 건축물 안에서 소상공인들
의 장터가 조성돼 있다. 건물 내에서 쇼핑과 식사, 휴식까지 가능한 세
계 최고 수준의 시장으로 꼽힌다. 로테르담시는 마켓홀 효과로 매년 약
700만 명의 관광객을 불러들이고 있다. 스페인의 '엔카르나시온' 시장

김동연 경기도지사(오른쪽)가 김포 북변 민속5일장에서
어묵을 들고서 상인들과 대화하고 있다.
경기도 제공

은 세계 유명 건축가에게 의뢰해 시장을 리모델링한 전통과 현대건축
이 어우러진 세계적 유명 전통시장으로 꼽히는 곳이다.

김동연 경기도지사에게 전통시장은 어머니와의 추억이다. 김 지사
는 "전통시장을 즐겨 찾는 이유는 오랜 기억들 때문이다. 어머니는 홀
로 여섯 가족을 뒷바라지하느라 채석장에도 나가시고, 산에서 나물을
캐다 시장에서 파시기도 했다"며 "시장 상인분들의 거친 손을 보면 그
토록 고생하시던 어머니가 생각난다"고 회고하기도 했다.

김 지사는 의정부 제일시장을 찾아 상인회장님과 점심을 먹을 때
도 전통시장에 대한 애착을 드러냈다. 한 상인이 전통시장에서 파는 서
민들이 먹는 국수를 먹어봤는지 묻자, 김 지사는 어린 시절 가난 때문
에 수제비나 칼국수를 많이 먹었고 지금도 무척 좋아하는 음식 중 하나
라고 답했다.

김 지사는 성남시 중원구 은행시장과 남한산성시장 방문 때는 전통시장에 대한 지원을 약속했다. 김 지사는 "소상공인과 자영업자, 취약계층 보호를 위한 여러 가지 예산을 확대해 조금이라도 도움을 드리기 위해 노력하고 있다"면서 "어려운 경기상황에서 다들 기운 내실 수 있도록 더 노력하겠다"고 말했다.

김 지사는 용인 중앙시장, 파주 금촌통일시장, 안양 관양시장, 남양주 장현시장 등 경기도 지역 전통시장을 수시로 방문해 민생 행보를 이어가고 있다. 김 지사는 "경제적인 잣대로만 값을 매길 수 없는 전통시장과 골목상권의 가치를 도가 지켜나가겠다"고 약속했다.

유정복 인천광역시장은 부평종합시장, 신포국제시장, 소래포구 전통어시장 등 지역 10여 개 전통시장을 역사·문화·관광자원과 연계하고 볼거리, 먹거리, 즐길 거리 등을 제공하는 전통시장으로 관광 명소

유정복 인천시장이 2023년 8월 전통시장을 찾아
시민들의 이용을 장려하고 상인들을 독려하고 있다.
인천시 제공

화하는 활성화 사업을 추진하고 있다.

쇠퇴한 원도심 상권 개선 및 특색 상권 조성사업인 상권 르네상스사업과 온라인 입점·인프라를 지원하는 디지털 전통시장, 전통시장 내 관광콘텐츠를 발굴·육성하는 매력 으뜸 전통시장 육성사업 등도 진행한다. 젊은 층을 유인하기 위해 기존 관광 투어를 현대적 방식으로 재창조한 전통시장 모바일 스탬프 투어를 시행하고 있다. 전통시장을 방문하는 누구나 휴대폰으로 위성위치확인시스템(GPS) 인식기능 관광 전용 앱을 켠 상태에서 추천코스를 완주하면 소비 쿠폰을 제공한다. 11개 시장으로 구성된 8개 추천코스가 대상이다. 인천시는 앞으로 사업을 확대해 더 흥미로운 관광코스를 개발하고 시민의 참여를 늘려 전통시장 및 지역경제 소비 효과를 높여나갈 예정이다.

전통과 현대화가 어우러진 특성화에 주력

강기정 광주광역시장은 정부가 '대형 마트 공휴일 의무휴업' 폐지 방침을 내놨지만 광주시는 전통시장 등 골목상권 보호를 위해 현행대로 유지하겠다고 밝혔다. 또 충남 서천특화시장에서 발생한 대형 화재로 점포의 77.7%가 전소된 것과 관련, 광주 시내 24개 시장 2,599개 점포의 34.6%인 899개 점포가 화재 발생 시 신속한 복구에 도움이 되는 '전통시장 화재공제'에 가입돼 있지 않다며 가입 지원 및 독려 캠페인에 나섰다. 강 시장의 전통시장에 대한 애정을 엿볼 수 있는 두 가지 사례다. 그는 매년 5개 자치구와 협력해 약 20억 원을 들여 전통시장 시설 현대화 지원사업에도 총력을 기울이고 있다. 11개 시장을 대상으로 시설 현대화 사업을 할 예정이다.

강기정 광주시장(가운데)이 설 명절을 앞두고 동구 대인시장을 방문해
상인들을 격려하며 전통시장 화재공제 가입 캠페인을 벌이고 있다.
광주광역시 제공

　광주시는 또 국비사업 공모를 통해 전통시장 활성화를 위한 르네상
스 사업도 추진하고 있다. 서구에 위치한 양동시장에선 '100년 양동 큰
장, 역사를 입은 문화시장'이라는 주제로 역사문화테마공간 조성, 맞춤
형 축제 운영 등의 사업을 펼치고 있다. 공공 배달 앱을 활용해 전통시
장 배달서비스도 운영한다. 전통시장 내 일반음식점을 대상으로 주문
배달하는 '일반 배달'과 전통시장에서 취급하는 농수산물, 식재료 등 품
목별 선택 주문이 가능한 '장보기 배달'과 함께 배달료 쿠폰 발행 등 소
비자를 위한 프로모션도 수시로 진행해 호응을 얻고 있다.

　대구광역시는 현재 150개소의 전통시장이 있다. 시는 전통시장별 맞
춤형 지원을 통한 시장 고유의 특장점을 집중 육성하고 지속 가능한 온
라인 역량 향상을 위해 매년 중소벤처기업부 공모사업을 통한 특성화
전통시장 육성사업을 추진 중이다. 지난해 특성화 첫걸음 기반 조성시

홍준표 대구시장(가운데)이 추석을 앞두고
남구 대명동 관문시장을 찾아 장보기 행사를 하고 있다.
대구시 제공

장으로 동대구신시장 · 방천시장 2개소, 문화관광형 시장으로 현풍 백
년 도깨비시장, 디지털시장으로 와룡시장 · 신매시장 2개소를 선정, 지
원해 전통시장 경쟁력을 강화했다.

김두겸 울산광역시장이 주도하는 전통시장 활성화 정책은 '특성화'
와 '시설 현대화'라는 두 가지 큰 틀에서 추진되고 있다. 전통시장 특성
화사업 첫걸음은 시장상인협회 주도의 미래 개발 프로젝트를 성공시키
기 위한 견고한 기반을 마련하는 것에 중점을 두고 있다. 먼저 제품의
가격과 원산지를 투명하게 표시해 결제 편의성 및 투명성을 향상시키
는 노력이다. 두 번째는 친절함과 청결함 개선이다. 세 번째는 시장의
영향력과 매력을 더욱 확대하기 위한 온누리 가맹점 확대이다.

여기에다 상인조직을 강화하기 위한 회원 가입과 상인 회비를 증가
시키는 노력도 함께 진행되고 있다. 이 같은 노력을 통해 형성된 전통

김두겸 울산시장(가운데)이 울산 최대 전통시장인 신정시장을 찾아
설 성수품을 구입한 뒤 전통시장 활성화를 위해 상인과 대화를 나누고 있다.
울산시 제공

시장 특성화는 지역문화, 관광자원과도 강력히 연결돼 울산지역 전통
시장만의 매력을 형성할 것으로 기대된다. 시설 현대화 사업은 노후화
된 안전시설, 고객 편의시설 등을 개선해 전통시장 이용 활성화를 이끌
어 내는 데 목적을 두고 있다.

 김진태 강원특별자치도 지사는 도내 전통시장을 특색 있고 자생력
을 갖춘 시장으로 성장시키기 위해 시설 보수와 마케팅이라는 투 트랙
전략을 세워 추진하고 있다. 강원지역 전통시장은 그동안 시장별로 시
설 개보수를 했지만 아직도 노후 이미지를 벗어나지 못하고 있다. 이에
방문객의 이용 편의를 높이기 위해 도내 8개 시군, 21개 전통시장을 대
상으로 맞춤형 현대화 사업을 추진하고 있으며 주차환경 개선과 고객
유치를 위해 주차장 신규 건립과 보조 시설 보강에 나섰다. 마케팅 측
면에서는 최근 야시장으로 관광객 유입이 유의미한 성과를 거두자 야

김진태 강원특별자치도지사(오른쪽)가
인제군 전통시장을 찾아 장보기 행사를 갖고 있다.
강원특별자치도 제공

시장 개설을 확대하기로 했다. 도내 6개 지역에 야시장을 새로 도입하고, 기존 야시장 6곳은 활성화를 위한 마케팅을 추진할 계획이다.

삶의 현장인 장터에서 국민과 직접소통 기회

이장우 대전광역시장은 전통시장 활성화 및 소상공인 지원 등에 역대 최대 규모의 예산을 지원했다. 대전시는 지난 2023년 소상공인 지원을 위해 전년 예산 250억 원 대비 약 3배 증액한 740억 원 가까운 예산을 집행했다. 여기에 저금리 대환대출 특례보증(2,000억 원 규모), 유망 소상공인 사업화 및 전통시장 폭염 저감시설 설치 등을 지원했다. 중앙시장 화월통 아케이드와 중앙시장·역전시장의 대형버스 주차장 조성 사업도 대표사업이다.

지역 최대 축제이자 전국 단위 행사를 목표로 하는 '0시 축제'와 연계

이장우 대전시장(오른쪽)이
추석 명절을 앞두고
대전 대덕구 중리시장을 찾아
온누리상품권으로
성수품을 구입하며 상인들을
격려하고 있다.
대전시 제공

해 전통시장 및 상점가 소비촉진 이벤트, 우수시장 전시회, 소공인 오픈 마켓 등을 열어 상권 활성화에 힘을 쏟았다. 전통시장 및 상점가 시설 현대화 사업과 영세자영업자 인건비 지원 등을 계속 추진할 계획이다.

김영환 충북도지사의 전통시장 사랑은 남다르다. 소통 행보의 하나로 틈날 때마다 대표적 민생현장인 전통시장을 찾아 민심을 듣고 주민

김영환 충북지사가 2024년 1월 16일
청주시 상당구 석교동 육거리종합시장을 찾아 상인들과 대화를 나누고 있다.
충북도 제공

들과 스킨십에 나선다. SNS 활동을 줄이고 일방적인 도정 홍보가 아닌 주민의 실질적인 삶의 목소리에 귀를 기울인다는 취지다.

김 지사는 2024년 첫 민생 소통 행보로 제천 동문·내토·중앙시장을 선택했다. 이어 청주 육거리종합시장, 증평 장뜰시장, 진천 중앙시장을 잇따라 방문해 시장 상인들과 상권 활성화 방안을 모색하는 간담회를 했다.

전북특별자치도는 전통시장 상인들과 주기적 만남을 가지며 필요한 사업을 청취하고 있다. 최근 다수의 전통시장 상인회장단과 현장간담회를 하고 대형 유통업체와 전통시장 간 상생 등을 논의했다. 전북도는 지역상권 특화육성 사업, 전통시장 시설·경영 환경 개선사업, 상인 경영부담 완화 사업 등 전통시장과 상점가 육성 지원을 위해 지속적인 사업을 하며 지역상권의 경쟁력을 강화할 수 있는 방안을 모색하고 있다.

김관영 전북도지사(왼쪽)가 2024년 2월 6일 전주 모래내시장에서
설 명절맞이 전통시장 장보기를 하며 상인과 대화하는 모습.
전북도 제공